Libellen-Verlag

Opalia Seelenprofiling
Das Lichtkarten-Set

Ordnungssysteme neu entdecken

Sabine Guhr-Biermann

Informatives und Lesenswertes im Netz unter
www.libellen-verlag.de

Opalia Lebensberatungs-Praxis der Autorin unter
www.opalia.de

Filme der Autorin über Spiritualität, Esoterik und Numerologie etc. unter
www.opalia-spirit-media.de

Opalia Seelenprofiling - Das Lichtkarten-Set
Ordnungssysteme neu entdecken

Autorin: Sabine Guhr-Biermann

ISBN 978-3-934982-40-6
2. überarbeitete Ausgabe 2023

Druck: wir-machen-druck.de

www.libellen-verlag.de

Inhalt

Vorwort

Kartenlegen ist ein uraltes Ritual, welches gerne dazu benutzt wird, klare Erkenntnisse über den aktuellen Ist-Zustand einer Situation zu erlangen. Befinden wir uns jedoch in einer Lebenssituation, die wir nicht verstehen können, dann blockieren wir uns selbst und sind auch nicht in der Lage, offen auf andere Begebenheiten zu blicken. Das zu lösende Problem nimmt dann einen riesigen Raum ein, der im Grunde genommen, keinen Platz mehr für Kreativität lässt. Genauso ist es aber auch, wenn wir ein Thema zu lösen haben, dann liegt dies auf unserem Lebenstisch und schreit nach Befreiung.

Probleme, die es zu lösen gilt, einfach ignorieren zu wollen, ist der falsche Weg. Lernaufgaben sind widerspenstig, werden sich weiterhin täglich melden und uns verfolgen. Doch wer hat uns gesagt, dass das Leben eine Meisterschaft ist und dass wir Aufgaben gestellt bekommen, die es zu lösen gilt? Wäre uns diese Form des Lebens und auch der kreativen Haltung von Lösungsmöglichkeiten bewusster, dann wüssten wir auch, was wir tun könnten und wären bereit unsere Themen anzupacken. Doch häufig blickt man unsicher auf die anderen, die zumeist auch in einem Verdrängungsmecha-nismus leben und versuchen, Themen nach hinten zu schieben, die aktuell Probleme bereiten und den freien Lebensatem verstopfen. Wie gerne würde man leicht, locker lachen und sich am Leben erfreuen, doch das geht dann nicht.

Am Ende auf ein erfülltes Lebenswerk zurückzublicken, welches uns einen farbenprächtigen Facettenreichtum an Lebensphilosophie beschert hat, ist mit Sicherheit ein Ziel, welches wir anstreben können. Doch um dahin kommen zu können, ist es wichtig, dass wir unser Leben frei, offen und auch zielgerichtet gestalten können.

Wir sind jederzeit handlungsfähig, doch dafür müssen wir teilweise ein wenig tiefer in unsere vorhandenen Muster blicken. Je klarer wir uns über unsere Lebens- und auch Verhaltensmuster bewusst sind, desto besser werden wir uns in unserem Leben platzieren und auch äußern können. Immerhin ist das, was uns begegnet nur eine Ebene der Erfahrungsmöglichkeit, die wir in unserem Leben brauchen, um uns selbst zu erkennen.

Es gibt keine Zufälle, sondern nur Gesetzmäßigkeiten, die uns helfen, unseren Weg zu finden. Je bewusster wir unser Leben gestalten, desto besser werden wir uns fühlen. Immerhin sind wir alle Suchende auf dem inneren Weg der Selbsterkenntnis und jedes Mittel, das uns auf diesem Weg der inneren Irrwege eine Hilfestellung geben kann, damit wir erkennen, um was es sich handelt, sollte uns willkommen sein.

Kartenlegen ist eine Kunst für sich, die bei erfolgreicher Anwendung klare und transparente Lösungsmöglichkeiten verspricht. Wir können anhand der Karten auf alle unsere Fragen erklärende Antworten finden. Einzige Voraussetzung ist: Wir sollten die nüchtern dargestellten Antworten auch wissen wollen.Sollten wir uns jedoch gegen unsere innerlich gesteuerte Wahrheit stellen wollen, werden wir automatisch sämtliche Erklärungen und Lösungsansätze ignorieren. Es gibt viele Menschen, die meinen, sich selbst über den eigenen Erkenntnistisch ziehen zu können, in der Hoffnung, dass nach der dritten Kartenlegung, am selben Tag, der Kelch des Schicksals an ihnen vorüberziehen möge. Dies ist natürlich unlogisch, da die Karten letztendlich nur ein Hinweisgeber sind.Wir müssen natürlich nicht das annehmen, was wir über die Deutungen der gezogenen Karten als Hinweise geliefert bekommen, aber wir könnten mal darüber nachdenken. Wenn wir tatsächlich Kartensysteme nutzen wollen, dann sollten wir uns angewöhnen, nicht öfters als einmal am Tag Karten auf eine Person oder Situation zu legen. Die Hinweisgebung wird sich nach häufiger Legung auch nicht verbessern.

Es gibt viele Kartensysteme, die man nutzen kann. Wichtig ist jedoch, dass die Bilder der Karten einem sympathisch sind, damit man dieses Hilfsmittel auch gezielt einsetzen, nutzen und mit ihnen gut arbeiten kann. Die von Birgit Letsch, nach einer Idee von Sabine Guhr-Biermann, gezeichneten Opalia-Lichtkarten entwickelten sich im Laufe der Zeit und sind seit vielen Jahren sehr beliebt. Die einfach dargestellten Bilder sprechen für sich, ohne dass man viel nachlesen muss. Die Opalia Licht Karten gibt es seit dem Jahr 2000 auf dem Markt zu erwerben.

Es gibt sie aber auch als Web App auf unserer Webseite unter:

- www.opalia-consulting.group
- www.opalia.de
- und als Karten App

Nur noch ein paar Worte von der Autorin persönlich: Seit Jahren arbeite ich erfolgreich in Kursen mit dem System der Skatkarten. Für meine Einzelberatungen brauche ich jedoch seit Urzeiten keine Karten mehr. Ich bin mittlerweile so intuitiv, dass sich die Bilder meiner Klienten vor meinem inneren Auge, wie von selbst bewegen, jedoch nur, wenn ich dies auch wirklich will und zulassen kann.

Die Karten stellen lediglich ein Hilfsmittel dar, welches helfen soll, Klarheit in eine Sache zu bringen, damit energetische Verbindungen und Verstrickungen transparenter werden. Mit der Zeit braucht man dann häufig keine Hilfsmittel mehr. Die eigene Intuition und das Training, helfen dann Bilder und Emotionen emotional wahrzunehmen. Sollte man sich unsicher sein, kann man wieder Karten einsetzen. Doch bis dahin stellen die Karten eine wirkliche Lösungsmöglichkeit der Analyse dar und sollten auch als solche betrachtet werden.

Da jedoch nichts aus Zufall passiert, werden wir uns zuerst mit den kosmischen Gesetzmäßigkeiten auseinander setzen, um diese besser kennen und verstehen zu lernen. Die nachfolgenden Karten entstammen aus dem Sinnbild der Skat-Karten, wurden jedoch eigens für dieses Buch neu kreiert. Die einzelnen Bedeutungen sind mit Bildkarten viel einfacher zu erlernen, als über handelsübliche Skatkarten. Mal ehrlich gesagt, es macht doch viel mehr Spaß mit Bildkarten zu arbeiten als nüchtern auf Skatkarten zu blicken. Somit haben wir extra für dieses Buch neue Karten von der Künstlerin Birgit Letsch malen lassen, die du im Set oder separat zusätzlich erwerben kannst. Fakt ist: Bildkarten sind viel einfacher zu erlernen und auch zu benutzen.

Ich wünsche nun allen Lesern viel Spaß beim kleinen Studium dieses Buches und der darauf folgenden Praxis. In der Welt der mystischen Magie, des Hexenzaubers und der Wahrsagerei gibt es noch einige Plätze zu besetzen von den Menschen, die sich dazu berufen fühlen ein Lichtbringer zu sein, eine Person, die anderen hilft wieder Licht in die eigene Dunkelheit zu bringen. Viel Erfolg.

Die Autorin

Kartenlegen - Einleitung

Schon seit Urzeiten nutzen viele die Möglichkeit des Kartenlegens, um aus den Deutungen der Karten, Erklärungen für alltägliche Situationen und Begebenheiten zu bekommen.

Die Karten können anhand ihrer einfachen Deutungssymbole sehr klare Aussagen geben, wenn man weiß, wie sie genutzt werden. In vielen Büchern wurden schon diverse Beschreibungen niedergeschrieben und jeder gibt immer noch eine andere Deutungsmethode hinzu. Doch genau darum geht es. Es gibt keine Pauschalgebrauchsanweisung, es gibt nur verschiedene Wege, die einem letztlich dazu verhelfen, die eigenen Ordnungssysteme im Inneren zu erkennen.

Wenn wir die kosmischen Gesetzmäßigkeiten verstanden haben, können wir auch die daraus resultierende Zukunft erkennen. Das eine kann ohne das andere nicht funktionieren. Alles hat seine Ordnung und die gilt es zu erkennen. Schon alleine aus diesem Grund werden wir die Karten in vier verschiedene Definitionen, ähnlich den vier Elementen, unterteilen, damit wir erkennen können, auf welchem elementaren Schwerpunkt wir die momentan wichtige

Thematik einsortieren können. Wie und welche Kartensysteme wir als Hinweisgebung nutzen wollen, ist im Grunde genommen egal, wenn wir diese Art der schnellen Kurzanalyse nüchtern und offen betrachten,werden wir grund-sätzlich eine Antwort erhalten.

Welche Bedeutung wir einer Karte zu ordnen wollen und welche Legemethode wir wählen, ist im Grunde genommen egal, wichtig ist nur die Fragestellung und auch, dass wir über die Karten gezogen, den Hinweis richtig und nüchtern deuten können. Wenn wir die Gesetzmäßigkeit und somit den Spiegel innen und außen erkannt haben, werden die Tipps über die gezogenen Karten wertvoll sein. Jeder legt sowieso anders Karten, das sollten wir nicht vergessen. Es kommt nicht auf die Legung und die Technik an. Die Fragestellung und die richtige Interpretation der gezogenen Antworten ist das, was uns weiterhelfen wird, wenn wir etwas wissen wollen.

Es ist im Grunde genommen nicht wichtig, welche Karten wir benutzen, wichtig ist nur, dass wir ein Ergebnis bekommen. Auch die anzuwendende Legemethode ist nicht wichtig. Die Deutung und das Ergebnis müssen richtig und gleich sein. Um jedoch eine wahrhaftige Deutung und Aussage bekommen zu können, brauchen wir Erklärungen, die uns selbst einleuchtend erkennen lassen, warum gerade derjenige diesen vor ihm liegenden Weg beschreiten muss.

Immerhin stellen die Karten lediglich eine Art Hinweisgebung dar. Sie bieten neutral betrachtet die Möglichkeit einer Kurzanalyse, ähnlich einer Diagnose und mehr nicht. Sie zeigen letztlich nur das, was energetisch innerlich und äußerlich „abläuft“. Wenn wir uns kurz auf die kosmischen Gesetze konzentrieren, dann erkennen wir anhand der Gesetzmäßigkeiten, dass es nichts geben kann, was uns begegnet, was nichts mit uns zutun hätte. Somit sind sämtliche

Lebensaspekte und Begegnungen, mit denen wir konfrontiert werden eine wichtige Ebene, mit der wir uns auch auseinandersetzen sollten. Nichts passiert umsonst, alles unterliegt einer Gesetzmäßigkeit. Sollten wir diesen wertvollen Hinweis und Aspekt verstehen, dann werden wir uns nicht mehr verschließen oder versuchen uns vor Lernaufgaben zu beschützen.Wir verstehen dann, dass das Leben uns Hinweise gibt, die wir zu lösen haben. Das Lebenslabyrinth zeigt uns grundsätzlich die vielfältige Möglichkeit unseres Seins. Wir werden befreit unser Spielfeld betreten und neugierig schauen, was es für uns zu leben gibt. Nicht Computerspiele regieren dann unseren Alltag, sondern unsere eigene Regieanweisung. Wir sind stets handlungsfähig.

Lernen wir somit die Thematik, um die es sich gerade dreht besser zu verstehen, dann bekommt das unbekannte Schicksalskind einen Namen. Wir verstehen den Sinn hinter der momentanen Situation und können uns ganz anders positionieren. Wir erkennen dann auch, was wir mit der vorherrschenden Situation zutun haben und auch warum unser Leben gerade so verläuft. Wir verstehen, was für eine Lernaufgabe hinter dem momentan vorherrschenden System steht. Alleine diese Sichtweise beschert uns Ruhe und Gelassenheit, da wir mit der Situation besser umgehen können.

Nun zurück zum Kartenlegen: Die Karten geben uns lediglich nur die Möglichkeit klar zu erkennen, warum die vorherrschende Situation gerade so ist, wie sie ist. Wir bekommen klare Hinweise und können dann darüber nachdenken, um uns anders zu sortieren und zu positionieren. Wir können auch spielerisch hinterfragen und eruieren, mit welchen Tendenzen und Konsequenzen wir zu rechnen hätten, wenn wir bestimmte Wege einschlagen würden. Wir können Kartenlegesysteme so für uns nutzbar machen, wie wir sie brauchen. Die Karten stellen heutzutage keine Wahrsagerei im typischen Sinne da. Im Mittelalter war dies natürlich anders. Gezogene Karten geben uns lediglich Hinweise und Tipps, damit wir erkennen können, was wir tun können.

Das uralt überlieferte Kartenlegen, gerade im Mittelalter, hat natürlich mit Wahrsagerei zu tun. Man wollte immer wissen, was die Zukunft bringt, deswegen ist man zu einer Kartenlegerin gegangen und hat sich die Karten legen lassen. Früher glaubte man, wenn man weiß, was auf einen zukommt, dass man Gefahren auch abwenden kann. Schonungslos wurde dem Ratsuchenden eine Art von Wahrheit präsentiert, damit derjenige sich darauf einstellen kann. Das hatte natürlich auch den Nachteil, dass man sich innerlich darauf eingestellt hatte, was es eventuell zu erwarten gab.

Man kann die Aussagen der Karten natürlich nutzen, wenn man die hinter dem Problem liegende Aufgabe verstanden hat. Löst man den inneren Konflikt, dann löst sich auch automatisch das Thema auf der äußeren Ebene. Karten zu legen ist eine tolle Hinweisgebung, die uns weiterhelfen kann, wenn wir uns locker, unvoreingenommen und vor allem wahrhaftig mit diesem System auseinandersetzen. Ein gezielter Blick in vorherrschende Lebensmuster und auch Aufgabenstellungen wird uns Erkenntnisse bescheren, sodass wir teilweise schicksalshaften Begegnung ausweichen können, da wir sie nicht mehr brauchen. Wir müssen nicht immer alles hautnah und körperlich erleben, wenn wir die innere Sinnhaftigkeit der momentan vorherrschenden Lebenssituation verstanden haben.

Das, was uns betrifft, gehört zu uns und wird sich somit automatisch in unseren Weg der inneren Erkenntnis stellen, damit wir verstehen lernen, worum es geht. Doch nun beschäftigen wir uns mit den kosmischen Gesetzen, die eine Grundbasis des Lebens darstellen.

Unsere Teilpersönlichkeiten in Kurzform

Wir alle unterliegen kosmischen Gesetzen, denen wir uns nicht entziehen können. Das heißt, wir alle haben Lernaufgaben, denen wir uns stellen müssen und die zum passenden Zeitpunkt auf uns zukommen werden. Somit können wir den Lebensthemen, die uns betreffen nicht entfliehen.

Sollten wir uns jedoch freiwillig zu wenig mit uns selbst beschäftigen wollen, dann werden sich unsere Lernthemen automatisch und dominant in den Weg stellen, damit wir sie wahrnehmen und erkennen können. Wir müssen verstehen, worum es in unserem Leben geht.

So passiert es nicht selten, dass uns zum passenden Zeitpunkt unser Problem in Form einer anderen Person oder zu lösenden Konstellation begegnet, damit wir über den brillant gestalteten, kosmisch perfekt inszenierten Außenspiegel unsere inneren Themen erkennen. Wie das geht? Ganz einfach, immer dann, wenn wir uns mit einer anderen Person auseinander setzen und einen emotionalen Verbund haben, können wir anhand unserer eigenen Emotionen gegenüber der außenstehenden Person erkennen, wie wir mit uns selbst umgehen.

Haben wir gegenüber dieser Person ein komisches Bauchgefühl, fühlen uns unwohl, dann haben wir vor einem Energieanteil in uns ein „schlechtes Gewissen". Das heißt, dass wir uns selbst, bzw. einen Energieanteil in uns, gegen uns selbst gerichtet haben und uns über dieses Verhalten bewusst, zumeist natürlich auch unbewusst, Schaden zufügen.

Sind wir auf eine andere Person neidisch, dann neiden wir uns selbst etwas. Das heißt, wir leben im inneren Ungleichgewicht, lehnen Teilaspekte von uns selbst ab und richten unseren Blick auf unsere Lieblingsanteile. Diese Daseinsform würde uns jedoch nur wenig nützen, wenn wir unseren wertvollen Lebenseinsatz nur oberflächlich betrachten wollten.

All unsere Energieanteile haben eine Daseinsberechtigung und werden im Alltag mit mischen. Zumeist jedoch sind sie unsortiert und reden häufig alle durcheinander. Der Taktstock des Lebens wird zumeist von einem zum nächsten übergeben, ohne dass wir dies kontrolliert haben. Diese Art des Durcheinanders löst in uns häufig viele Probleme aus. Wenn man die Aufgabenstellungen und Charaktereigenschaften der einzelnen Teilpersönlichkeiten besser kennenlernt, dann kann man diese Energiepotenziale zielgerichtet einsetzen.

Damit wir unsere Energieanteile besser verstehen und kennenlernen können, ist es dienlich, einen anderen Blickwinkel zu bekommen. Häufig brauchen wir einen äußeren Spiegelhalter, um innere konfliktbeladene Themenbereiche sichtbar und transparent erkennen zu können.

Eine Faustregel besagt: Immer dann, wenn wir emotional betroffen sind, dann sind wir auch getroffen und das bedeutet, wir müssen uns analysieren, um zu erkennen, was sich alles in uns tummelt. Eine Teilpersönlichkeit in uns meldet sich dann zu Wort und präsentiert uns ihren altgewohnten Schmerz. Wir bilden somit grundsätzlich ein Resonanzhaltung. Teilpersönlichkeiten in uns versuchen sich mit Teilpersönlichkeiten im Gegenüber zu verbinden. Je nachdem welche Aspekte im Vordergrund stehen, kann es sein, dass es sich bei der Begegnung um eine lustige, ergänzende, erweiternde und bereichernde Kommunikation handelt. Aber auch das Gegenteil könnte der Fall sein. Es könnte Konflikte unter den Teilpersönlichkeiten in den beiden Personen geben, die sich darüber gegenseitig ergänzen.

So funktionieren wir und wissen eigentlich nicht, was so alles in uns vor sich geht. Wir spüren unsere Teilpersönlichkeiten, fühlen uns teilweise betroffen und genervt durch äußere Personen. Der Blick auf das Außenfeld wird jedoch keine innere Lösung versprechen, wenn wir nicht gleichzeitig auch die Teilpersönlichkeit in uns, die gerade das Störfeld reagiert unter die Seelenlupe nehmen und betrachten.

Je besser wir uns und unsere innewohnende Teilpersönlichkeitswohngemeinschaft kennen, desto zielgerichtet können wir unser Leben gestalten.

Die kosmischen Gesetze

Ein wichtiges ursprüngliches Lebensthema lautet: Wir sind geboren, um unser Leben zu meistern. Dafür sollten wir uns hauptsächlich um uns selbst kümmern, dies jedoch in Freude, damit wir unserem Leben auch dienlich können. Unser Dasein bedeutet Erfahrungen sammeln und lernen zu können. Menschen, die offen im Leben stehen, sind der Menschheit dienlich, denn sie entwickeln sich weiter. Das Thema der stetigen Evolution und Weiterentwicklung ist ein absolut wichtiger Meilenstein im Mensch sein. Jeder kann zum gesamten System vieles beitragen und sich einbringen. Jeder Mensch ist etwas besonderes und sollte seine Vorzüge auch zum Wohle aller dienlich ins System einbringen.

Doch viele vergessen, dass wir eine Uraufgabe haben. Sie sind sehr beschäftigt mit der Erfüllung ihres eigenen Lebens. Ein motivierender Blick auf andere gerichtet, was die sich alles leisten und auch erleben können, gewährt eine Art Motivation, lenkt aber auch manchmal wiederum von sich selbst ab. Natürlich sollten wir an der Lebensvielfalt und den schönen Dingen des Lebens nicht achtlos vorbeihuschen, sondern diese Möglichkeiten, genießend aufnehmen und doch dürfen wir dabei unsere eigenen Aufgaben und unser Leben nicht vergessen und vernachlässigen.

Häufig jedoch lenkt der Blick auf das Umfeld und andere Person enorm ab. Diese Motivationsmöglichkeit gewährt uns natürlich auch eine Weiterentwicklung und doch ist ein Gefühl, was einer in sich trägt, nicht gleichzusetzen mit dem Gefühl, was ein solches Erlebnis in mir selbst auslösen würde. Jeder Mensch ist und fühlt anders, das dürfen wir nicht vergessen.

Man sollte beachten, dass jeder, der uns begegnet nur mit uns zu tun hat, wenn wir uns auch bewusst mit ihm auseinandersetzen wollen. Viele begegnen uns, mit denen wir keine Resonanz haben und die für uns uninteressant sind. Andere wiederum sind wichtig für uns, mit den können wir uns verbinden, aber auch wieder lösen, wenn wir sie nicht mehr benötigen. Das hört sich jetzt nüchtern an, aber so ist es.

Relativ häufig passiert es uns auch, dass wir auf eine Person treffen, mit der wir uns emotional verbunden fühlen und erleben diese Begegnung im Nachhinein als Belastung. Sollten wir uns fragen, woher dieses Gefühl kommt, werden wir auf folgende Antwort treffen: Wir können uns mit jeder Person, der wir begegnen, freiwillig leicht und locker auseinandersetzen. Hingegen treffen wir aber auch auf Personen, die wir als problematisch empfinden. Nun fragen wir uns: Was ist anders? Wir haben diese Person, die uns symbolisch gesehen, quer im Magen liegt, auf einer in uns befindlichen, energetisch belastenden Schiene gelegt. Das heißt, wir selbst tragen einen Schattenanteil in uns, also eine Energiestruktur, mit der wir uns nicht gerne auseinander setzen und diese Teilenergie hat sich mit einer Teilenergie des anderen verbunden. Nun kommunizieren diese beiden Teilenergien und wir selbst fühlen uns belastet. Wir könnten uns rein symbolisch, von dem anderen auch wieder lösen, das wäre die schnellste Form, um das unangenehme Gefühl wieder loszuwerden. Nur wird uns dieser Fluchtgedanke nichts nützen. Die in uns befindliche Energie will endlich wahrgenommen werden und da wir dies zumeist freiwillig nicht tun wollen, braucht es andere Menschen, die der Teilpersönlichkeit bei ihrem Vorhaben helfen. Somit sucht sie die äußere Unterstützung.

Würden wir uns nun von der für uns unangenehmen Person trennen, würde die in uns befindliche Energie einen neuen Mitspieler suchen, damit das Spiel wieder von vorne losgehen kann. Ein solches Szenario passiert allerdings nur so lange, bis wir endlich bereit sind, hinzuschauen, welche Teilpersönlichkeit sich in uns bemerkbar machen möchte. Das mag sich jetzt für dich noch ein wenig verwirrend und befremdlich anhören, doch bald wirst du diesen Gedankengang besser verstehen können, deshalb beschäftigen wir uns nun noch ein wenig genauer damit.

Damit wir unser innewohnendes System besser verstehen können, sollten wir eine andere Perspektive zu unserer Person gewinnen. Die meisten Menschen betrachten sich als Ganzes, als einen kompletten Teil, der mal so oder so reagiert. Ich persönlich betrachte uns als Teilenergieformen, also verschiedene Teilenergien, die alle ein Bewusstsein in sich tragen und die alle in uns etwas zu sagen haben. Wenn wir einen Blick auf uns werfen, dann könnten wir uns als eine Einheit betrachten, als ein in sich geschlossenes System. Doch wenn wir dann tiefer in uns hinein fühlen, dann stellen wir fest, dass viele unterschiedliche Emotionen und Sichtweisen in uns auftauchen. Viele verschiedene Stimmen mel-den sich in uns und wir sind es gewohnt, dass dies so ist. Schon morgens, wenn wir wach werden, führen wir Gespräche in uns. Wir üben automatisch

Handlungen aus, bereiten unseren Kaffee zu und starten in den Tag. Parallel dazu melden sich Stimmen, die uns auf den Tagesablauf hinweisen und/oder auf ein wichtiges Tagesgeschehen vorbereiten wollen. Jedoch auch andere Stimmen melden sich eventuell zu Wort, da sie verletzt sind und wollen, dass wir endlich ein wichtiges Thema klären. Viele Menschen tragen ein permanentes, kommunikatives Gesprächswirrwarr in sich. Die eine Stimme erzählt das, eine weitere Stimme spricht über etwas anderes und vielleicht meldet sich dann noch eine dritte Stimme zu Wort. So passiert es vielen und wir sind es gewohnt.

Wir könnten uns somit als ein gesamtes, in sich verwurzeltes Konzept betrachten. Unsere Aufgabe besteht natürlich darin, für innerlich gesteuerte Harmonie zu sorgen, sodass alle Energieanteile in uns ihr Mitspracherecht haben, aber in einer sortierten Art und Weise. Wir haben unterschiedliche Stimmen in uns, die auch verschiedene Meinungsbilder vertreten. Manche Stimmen sind sehr dominant und vertreten ihre Meinung respektlos gegenüber anderen Stimmen und Meinungsbildern. Ihre dominant geprägte Einstellung soll das Machtzepter in den Händen halten. Andere Teilpersönlichkeiten wiederum sind sehr zart und zurückhaltend. Jede Stimme in uns hat ein Mitspracherecht, ob laut, dominant, verständnisvoll, liebevoll, sanft und zurückhaltend, sie alle sind da und dürfen auf der großen Showbühne ihr Mitspracherecht demonstrieren. Sollten wir diese in uns vorhandenen, voluminösen Stimmen nicht sortieren, dann unterliegen wir häufig verschiedenen Stimmungsschwankungen.

Wenn wir uns aus dieser leicht theoretischen Perspektive betrachten und davon ausgehen, dass in uns mehrere Energieanteile vorhanden sind und zu Wort kommen wollen, ergibt das Ganze einen tieferen Sinn und wir können uns besser verstehen. Gerade Orakel-

Karten zeigen nichts anderes an, als unser unbewusstes Verhalten in deutlicher Form, wahrhaftig und transparent zu beschreiben. Wir erkennen anhand der Hinweisgebung, was gerade in uns passiert. Wir verstehen, wer schon wieder in uns zu Wort kommen will und für was diese Energie in uns zuständig ist.

Wir sollten uns von dem Gedanken lösen, dass ein Zufallsgenerator unseren Weg bestimmt. Nein, wir prägen unser Leben selbst. Verschiedene Teilaspekte in uns, die für unterschiedliche Bereiche zuständig sind, prägen unser Leben. Teilweise bringen wir sogar karmische Verbindungen aus früheren Leben mit in dieses Leben hinein. Häufig tragen wir sogar noch Kindheitsprägungen in uns, die teilweise unseren Alltag prägend bestimmen und die auch noch zu Wort kommen wollen. So und nicht anders sieht es in uns aus. Alle unsere Teilpersönlichkeiten wollen nichts anderes, als zu Wort kommen. Und da wir ihnen freiwillig zumeist kein Gehör schenken, suchen sich unsere ungeliebten Kinder, also die Teilenergien, mit denen wir nichts zu tun haben wollen, die wir ablehnen, auf der äußeren Projektionsebene eine Lücke und machen sich dort bemerkbar.

Je mehr wir uns nun, mit dem auf der äußeren Ebene befindlichen Problem auseinander setzen, desto mehr schenken wir unserem inneren Themenbereich, symbolisch gesehen, unserer ungeliebten Teilenergie, kurzweilig besonders viel Aufmerksamkeit. Und um mehr geht es im Grunde genommen nicht.

Schicksal ist somit nur der Ausdruck von Gesetzesformen, die uns mit uns selbst konfrontieren und die wir meinen, bewusst nicht zu kennen. Doch auch das stimmt nicht. Im Grunde genommen kennen wir uns genau, nur dass wir dies zumeist nicht wahrhaben wollen. Sollte uns eine konfrontierende, schicksalshafte Begegnung oder Haltung nicht mehr bewusst sein, dann liegt dies alleine nur daran, dass wir diesen Aspekt aus unserer Erinnerung gestrichen haben. Wir haben dann etwas ausradiert, was emotional noch eine Gewichtung in uns trägt. Das emotionale Ungleichgewicht, also das nicht verstehen können von schicksalhaften Erlebnissen wird dafür Sorge tragen, dass wir Konfrontationen erleben, um uns zu erinnern und zu befreien.

Doch zumeist verstehen wir nicht, warum uns gerade jetzt in unserem Leben dieses oder jenes passiert. Wir fühlen uns betroffen, reagieren sauer und wollen uns freistrampeln. Am liebsten würden wir uns aus der Situation herausdrehen, um nicht genauer hinschauen zu müssen. Häufig versuchen wir solche Konfrontation, die sich uns in den Weg stellen könnten, zu ignorieren. Doch egal welche Verdrängungsmechanismen wir kreativ an den Tag legen wollen, tief in unserem Inneren werden wir dafür sorgen, dass Konfrontationen weiterhin passieren können, damit wir lernen, uns zu befreien.

Unser moralisches Gefühl gibt uns Signale und zeigt uns, dass es etwas gibt, was wir aufzuräumen haben. Wir können versuchen, diesen Aspekt zu ignorieren, aber deswegen werden wir nicht besser schlafen können. Immer dann, wenn Ruhe einkehrt, wird sich der Energierichter in uns bemerkbar machen und darauf hinweisen, dass es etwas zu klären gibt.

Wir alle kennen die Regeln, nach denen wir leben, nach denen wir inkarnieren. Keiner ist unwissend. Doch solange wir inkarnieren, uns also in einem Leben befinden, solange passiert es häufig, dass wir die kosmischen Gesetze, nach denen wir leben, bewusst vergessen, damit wir nicht gehindert werden, unser reales Leben zu leben und unseren gestellten Lernaufgaben zu folgen. Tief im Inneren, erinnern wir uns jedoch alle und je mehr wir gegen uns leben, desto mehr Dunkelheit wird in uns spürbar sein. Jeder, der sich selbst belügt, trägt auch schon ein schlechtes Gewissen in sich, was auf Erlösung wartet. Dies passiert jedoch nur, wenn wir verstehen, wie wir letztlich energetisch funktionieren. Da wir selten auf unsere innere Stimmen hören, brauchen wir häufig andere Personen, die uns unsere eigenen Themen auf den Tisch legen. Sollte uns dann jemand im Außenfeld unbewusst auf unsere Themen aufmerksam machen, fühlen wir uns zumeist verletzt, da wir unsere eigenen Entgleisungen nicht akzeptieren und annehmen wollen.

Der Sinn der Opalia Lichtkarten

Gerade wenn wir die Opalia Lichtkarten als Hinweisgeber und Deutungsmöglichkeit nutzen wollen, müssen wir ehrlich zu uns selbst sein. Erst dann können wir erkennen, was uns die Karten zu sagen haben. Somit erfahren wir sehr einfach, warum wir mit einer Person emotional verbunden sind und was uns dabei energetisch selbst betrifft. Den Schuh beim anderen zu suchen, ist genauso unsinnig, wie auf den Traumpartner zu warten, der uns doch endlich erlösen möge. Nein, wir können nur für uns selbst leben und das ist die einzige Chance, die wir in unserem Leben haben, um unserem Lebensweg zu folgen. Das, was mir passiert, passiert mir und hat somit nur mit mir zu tun. Sollten gleichzeitig auch andere Personen betroffen sein, dann betrifft dies die anderen und das kann mir wiederum egal sein, da ich mich mit mir selbst auseinander setzen muss. Das mag sich jetzt vielleicht egoistisch anhören, ist aber so gelebt, genau richtig.

Wenn wir nicht lernen sollten, auf uns selbst zu schauen, wer sollte diese Funktion dann für uns übernehmen und Sorge tragen? Gerade die Karten verweisen uns auf unsere inneren Themen. Sie erinnern uns, deshalb ist eine wahrhaftige Kartenlegesitzung für viele auch besonders unangenehm. Doch wir müssen lernen, damit umzugehen, wenn wir wirklich wissen wollen, was in unserem Leben gerade passiert und vor allen Dingen, warum es uns passiert? Zu wissen, warum etwas geschieht, ist enorm spannend.

Unsere gelebten Strukturen zu verstehen und zu erkennen, warum wir so und nicht anders reagieren, gibt uns eine absolute Klarheit für die Vergangenheit, die Gegenwart und auch die Zukunft. Die Ursächlichkeit und Charaktereigenschaft eines inneren sogenannten „Übeltäters“ wahrzunehmen und zu erkennen, woher die Prägung stammt und auch zu verstehen, was diese Teilpersönlichkeit in uns in der Ursubstanz normalerweise präsentieren würde, ist überhaupt das Interessanteste, was wir uns vorstellen können. Je mehr wir über die Verhaltensmuster unserer innewohnenden Teilpersönlichkeiten erfahren können, desto besser werden wir uns in unserem Leben platzieren und unsere Teilenergien nutzbar einsetzen können. Je mehr Erfahrungen wir sammeln können, desto eher können wir unser Leben bereichern gestalten.

Kosmische Regeln der Analyse

Doch nun ein paar Grundregeln: Das, was mir passiert, passiert mir, also trifft es mich und hat somit direkt mit mir selbst zu tun. Deshalb sollte ich mich auch intensiv mit dem erlebten Thema auseinandersetzen, damit ich die dahinterliegende Information erfahren und erkennen kann. Sollte ich die transparente Chance, einer hinter dem Problem liegenden Struktur nicht nutzen wollen, könnte die sich auf einer anderen Ebene erneut äußerlich spürbar, sichtbar und bemerkbar machen. Somit müsste ich immer wieder ähnliche Erfahrungswerte sammeln, nur um endlich die gelagerte Energie hinter dem Problem erblicken zu können. Eins sollten wir dabei nie vergessen, es handelt sich letztlich nur um unsere eigenen Themen.

Eine weitere wichtige Regel: Ein anderer, der mich emotional treffen kann, trifft mich nur, da er eine in mir befindliche Energie angesprochen hat, somit hält er mir letztlich nur einen Spiegel vor meine Nase, damit ich meine eigenen, mir wichtigen Energieanteile betrachten kann. Den anderen, den äußeren Spiegelhalter ausführlich analysieren zu wollen, ist die eine Sache, jedoch im Regelfall unwichtig. Den Spiegel in mir zu erkunden, ist die einzig richtige Wahl. Wenn ich mein Spiegelbild im Gegenüber analysiert und meine eigenen Aspekte wertneutral erkannt und erfahren habe, weiß ich genau, welche Energie in mir angesprochen wurde, dann bin ich in der Lage und kann mich intensiv mit mir selbst auseinandersetzen. Sollte ich meine Selbstreue diszipliniert einhalten, sodass ich selbstkritisch auf meine Verhaltensmuster achte, brauche ich nach keinem äußeren Spiegelhalter mehr zu suchen.

Weitere Regel: Es gibt Situationen, sowie auch Personen, die wollen einem bewusst Schaden zu fügen. Wenn dies möglich ist, dann ist eine Grundschädigung in dir selbst vorhanden. Von daher gilt es grundsätzlich, jeden äußeren Feind im Inneren findend zu suchen. Mit diesem Blick wird der reale Feind im Außenfeld unschädlich gemacht.

Eine außenstehende Person kann nur gegen uns agieren, handeln und uns Schaden zufügen, wenn wir unser inneres Feindbild noch nicht korrigiert haben sollten. Wenn wir das verstanden haben, kann uns nichts mehr passieren. Diese Aussage bezieht sich auf den lähmenden Bereich Täter-Opfer-Haltung. Solange wir Macht-Ohnmacht-Energien in uns tragen, solange brauchen wir äußere Täter, damit uns unsere innere Täter-Opfer-Thematik bewusst wird. Doch Vorsicht, hierbei handelt es sich nicht um ein leichtes Spiel. Man muss nicht erst mit blutender Nase vor dem Spiegel stehen, um bewusst auf die eigene Nase zu blicken. Wir können schon im leichten Anflug einer herannahenden Problematik handeln, erkennen und in uns aufräumen. Wir müssen dazu nur gewillt sind.

Weitere Regel: Wenn ich einer fremden Person das erste Mal begegne und tief im Inneren das Gefühl habe, dass ich diese Person schon kenne, dann ist das zumeist auch so. Menschen, die wir aus früheren Leben heraus kennen, treffen wir oftmals in diesem Leben wieder. Wir spüren dann sofort einen tiefen emotionalen Verbund. Doch warum treffen wir auf diese Menschen wieder? Wir treffen auf diese Seelen, da wir mit ihnen noch etwas zu bereinigen haben, das heißt, wir müssen uns noch einmal mit ihnen auseinandersetzen. Manchmal haben wir mit diesen Personen noch eine offene, also karmische Rechnung zu begleichen. Damit wir hinter die energetischen Altlasten blicken können, ist es ratsam die Karten hinzuzuziehen und zu befragen. Je klarer wir den Sinn einer Beziehung erkennen und verstehen können, desto eher fühlen wir uns energetisch wieder handlungsfähig und das wird für uns immer gut sein.

Weitere Regel: Sollte ich mit einer anderen Person emotional eng verbunden sein, dann entsteht ein Energietransfer, der letztlich auch in meiner Aura spürbar sein wird. Somit kann ich anhand solcher Verbindungen erkennen, welche Themen ich vom anderen übernommen und auf mich selbst übertragen habe. Doch Vorsicht: Nicht immer ist uns dies bewusst und somit kann es sein, dass wir Energiebelastungen austragen, die uns letztlich nur schaden werden. Man sollte stets hinterfragen, ob das, was wir leben, auch das ist, was wir leben wollen. Immerhin ist die energetische Übertragung, die zumeist widerwillig angenommen und dann ausgeführt wird, eine häufig anzutreffende Missbrauchsstruktur. Das mag sich jetzt ein wenig krass anhören, aber wenn wir uns das Spielfeld von Macht und Ohnmacht näher anschauen, dann erkennen wir, dass es bei dieser leider häufig anzutreffenden dominanten Art weniger um einen freiwilligen Dienst handelt.

Immer dann, wenn wir Aufgabenbereiche für andere übernehmen und dies bewusst tun, ist der Energietransfer klar und sichergestellt. Sollten wir beispielsweise die Probleme eines anderen auf uns übertragen, dann würden wir uns überladen und übernehmen. Unsere belastete Haltung würde dann beinhalten, dass der andere sich lockerer fühlen könnte. Wir würden unser Gegenüber, aus welchem Grund auch immer erleichtern und uns belasten. Da aber jeder sein Päckchen zu tragen hat, wird dieses System dauerhaft gesehen natürlich nicht funktionieren können.

Es gibt aber auch Personen, die diesen Zustand lieben und weiterhin darauf bestehen. So kann es auch sein, dass ein Elternteil sein jungfräuliches Kind, mit eigenen Problemen erschwert und sich darüber erleichtert. Auch diese Form ist möglich und nicht selten anzutreffen. Sollten wir in unserer Kindheit viel Energie in das familiäre System gesteckt haben, in Bereiche, die mit uns persönlich nichts zu tun hatten, dann kann es sein, das wir später als Erwachsener unbewusst wieder auf Menschen treffen, die mit uns ähnlich umgehen. Bei dieser Form des Energietransfers handelt es sich eindeutig um einen energetischen Missbrauch.

Sollten wir unaufgeräumte Systeme noch aktiv in uns tragen, werden wir stets auf Personen treffen, die uns anhand ihrer Verhaltensmuster wieder an Emotionen heranführen. Wir bekommen dann schmerzvolle Erinnerungen aus unserer Vergangenheit vor die Augen geführt, damit wir nicht Vergessen, uns zu befreien.

Wenn wir dann auf die sanften Signale immer noch nicht hören wollen, kann dies dauerhaft fatale Folgen für uns haben. Auch hierbei gilt wieder: Sollte ich das Gefühl haben, dass ich mich äußerlich energetisch missbrauchen lasse, dann werde ich dies innerlich hundertprozentig auch tun. Also gibt es einen Teil in mir, der genauso handelt, wie die äußere Person, die meine wertvollen Energien in ihre eigenen Projekte investiert. Also ist Nachdenken angesagt.

Persönliche und kosmische Energiezufuhr

Wir beschäftigen uns nun mit den Energiefeldern, die uns zur Verfügung stehen. Es ist wichtig zu wissen, wie man diese richtig einsetzen kann, damit man sich unterstützend verbinden und auch lösen kann.

Eine weitere Regel besagt: Wenn ich Ziele habe, sollte ich mich auch bewusst energetisch darum kümmern und meine Vorhaben nähren. Alles ist Energie. Wir formen die Energiefelder und können sie für uns nutzbar machen. Wir haben zwei verschiedene Energieformen: Erstens können wir durch Nahrungsaufnahme und die innere Verarbeitung der Rohstoffe selbst Energien produzieren. Dabei handelt es sich um unsere intimsten Energien, über die wir uns mit anderen Menschen emotional tief verbinden können. Wir sollten besonders darauf achten, wie wir diese Energien verteilen, da wir immer nur einen bestimmten Teil zur Verfügung haben. Einen Großteil dieser Energien brauchen wir für die Erhaltung unseres Körpers. Geben wir zu viel dieser wertvollen Energie an andere ab, werden wir uns müde und ausgelaugt fühlen.Jeder Mensch, den wir von Herzen lieben, wird diese Energie zu spüren bekommen. Doch auch die umgekehrte Form, jeder Mensch, über den wir uns ärgern, wird genauso mit unseren wertvollen persönlich produzierten Energien gefüttert und genährt. Somit sollten wir gründlich überlegen, ob wir einen tiefen Verbund und Energietransfer zu bestimmten Personen wirklich haben wollen. Es kann sich keiner unseres Energiefeldes bedienen, wenn wir diesen Übergriff nicht zulassen würden.

Wir können uns jederzeit lösen und wieder auf uns selbst fallen. Zum anderen können wir jederzeit kosmische Energien nutzen, die reichlich vorhanden sind, vor allem dann, wenn wir Energie brauchen. Dafür brauchen wir uns gedanklich nur zu öffnen und wir werden genug Energie bekommen. Die kosmischen Energien verdünnen ein bisschen die intimen Energien, sodass wir durch diesen Energieverbund viel weiter und stärker unsere Energien für unsere Vorhaben einsetzen können. Je mehr wir kosmische Energien nutzen, desto weiter werden wir mit unseren Vorhaben kommen. Wenn wir beispielsweise ein Projekt planen, müssen wir uns damit intensiv auseinandersetzen und diesen Bereich tagtäglich mit Energien füttern. Nur so haben wir eine Chance, dass unsere Vorhaben erfolgreich werden können.

Weitere Regel: Egal wer dir etwas anbietet, du kannst immer ja oder nein sagen. Oftmals bekommen wir etwas angeboten, dass wir annehmen oder ablehnen können. Doch so manche Bejahung oder Verneinung wird unser gesamtes Leben verändern können, deswegen sollten wir nicht unbedacht zustimmen, sonst stets bewusst nachdenken, bevor wir eine Entscheidung treffen. Sollten sich die eingeschlagenen Wege jedoch anders entwickeln und darstellen, als ursprünglich gedacht, können wir immer noch spontan reagieren und unsere Marschrichtung ändern. Es ist jedoch immer wichtig sich im Vorfeld intensiv Gedanken zu machen, um gewappnet zu sein.

Gerade für solche Zukunftsfragen können wir die Karten bewusst zum Ist-Zustand befragen, um herauszubekommen, welche Konstellationen die momentane Lebenssituation zu definieren vermag. Wir erkennen, was sich hinter dem System befindet und verstehen, um was es sich tatsächlich handelt. Wir können somit auch eruieren, was in dem geplanten und somit gesetzten Fall passieren könnte. Die Karten sind für solche und auch andere Fragen einfach ideal. Sie können uns auf sehr einfache Art und Weise Tendenzen und somit Wege einer zukünftigen Lebenssituation aufzeigen. Wir können also wirklich vom aktuellen Ist-Zustand ausgehend genau erkennen, welcher Weg uns, zu welchem Ziel führen wird. Somit sind wir Sehende, die anhand der Orakelmöglichkeit einen Blick in die Zukunft werfen können.

Weitere Regel: Wir können unserem eigenen Karma nicht entfliehen. Wir können nicht vor uns selbst weglaufen. Wenn wir also mit einer Aufgabe konfrontiert werden, müssen wir uns dieser stellen, das ist der Weg. Angst brauchen wir keine dabei zu haben. Doch gerade Angst ist für viele der größte Hemmschuh. Ängste zu haben, bedeutet, dass man sehr viel Energie in angstbesetzte Themen investiert. Die innerlich unbewusst gesteuerte Unsicherheit wird dadurch immer größer. Stellen wir uns jedoch gedanklich der Angst, dann bereiten wir uns vor und können unser Leben ganz anders meistern. Je mehr wir unangenehme Situation verdrängen, desto unangenehmer und schwieriger wird es für uns sein. Also, was nützt es uns, wenn wir unser Leben nicht anpacken? Wir würden uns behindern und selbst nicht weiterkommen.Auch karmische Aufgabenbereiche werden uns über die Karten gut erkennbar angezeigt. Und egal wie bitter die Pille auch zu schlucken sein mag, wir müssen sie schlucken. Immerhin haben wir sie schon lange im Magen liegen, nur dass wir dies vergessen haben. Deshalb sollten wir uns erinnern, damit wir uns fröhlich, locker und leicht unserem Leben widmen können. Mit einem verklärten Magen macht das Leben doch keinen Spaß.

Eine weitere Regel lautet: Ich kann den inneren und äußeren Aufgaben nicht entkommen, ich muss mich den alltäglichen und zu erfüllenden Themen des Lebens widmen und mich kümmern. Jeder muss sich mit einfachen und doch wichtigen Aufgaben auseinandersetzen, die zum Leben dazu gehören. Je mehr wir uns jedoch innerlich gegen die zu erfüllenden Aufgaben auflehnen, desto schwieriger wird sich unser Leben anfühlen. Wenn wir uns in einer innerlichen Pro- und Kontrastellung befinden, die spannungsgeladene Konflikte hervorruft und wir wollen wissen, woher dieser Zwiespalt kommt und verstehen, was hinter der Abwehrhaltung liegt, dann können wir die Karten befragen und wir werden eine klärende Antwort erhalten. Somit können uns die Karten in schwierigen, wie in weniger schwierigen Zeiten weiterhelfen.

Weitere Regel: Menschen, die mir besonders wichtig sind, mit denen bin ich emotional verbunden. Ich bin einen energetischen Verbund eingegangen, der sich für mich im alltäglichen Leben auch belastend auswirken, sodass ich mich von diesen Energien auch wieder befreien muss, wenn sie mir nicht gut tun. Das kann ich jedoch nur, wenn ich die Energien und die damit verbundenen gegenseitigen Ansprüche klar erkennen kann.

Da wir aus mehreren Teilenergien bestehen, verbinden sich diese untereinander. Das heißt, Teile meines Gegenübers bilden eine Partnerschaft, eine Koalition mit Teilen in mir. Zumeist bemerken wir dies nicht bewusst, spüren jedoch, dass wir uns emotional extrem durch eine direkte Handlung unseres Gegenübers angesprochen fühlen.

Durch die ausgelösten Emotionen erkennen wir, um was für eine Teilpersönlichkeit und um was für Themen es sich in uns handelt. Sollten wir dies nicht direkt wertneutral und unemotional erkennen können, könnten wir dazu die Karten befragen.

Weitere Regel: Wenn ich rücksichtslos reagiere und anderen etwas antue oder einst angetan habe, werde ich die Resonanz eines Tages zu spüren bekommen. Das bedeutet, dass ich mir bewusst werden sollte, dass das, was mir gerade zur Zeit passiert eventuell auch ein Denkzettel aus der Vergangenheit sein könnte.

Wenn dies der Fall sein sollte, dann möchte meine Seele dies erleben, damit mein Bewusstsein erkennen kann, was es heißt, wenn ich mit anderen so umgehe. Wir bekommen oft Themen in Form einer Erkenntnis gespiegelt, damit wir früh genug erkennen können, wie es wäre, wenn wir jenes oder dieses tun würden. Wir präsentieren uns dann selbst unsere eigenen Machenschaften und führen uns diese vor Augen, damit wir unsere innere Bereitschaft anderen Schmerz zuzuführen, nicht vergessen. Sollten wir keinen Erkenntnisgewinn in dieser Richtung einnehmen können, dann besteht die Gefahr, dass wir im nächsten Leben ähnlich handeln. Wir übertragen dann diese Muster weiterhin unser System und könnten in mehreren Leben ähnlich reagieren und uns unvorteilhaft aufführen.

Von daher ist es ein Gewinn und eine große Chance, Erkenntnisse zu erlangen, damit wir unsere Einstellung wandeln können. In den Karten bekommen wir in solch einem Fall Hinweise auf Lebensbereiche, denen wir nicht ausweichen können. Wir haben keine andere Wahl und müssen uns dann stellen. Diese Aussage bezieht sich nicht nur rein auf unsere Handlungen, sondern auch gerade auf unsere Gedanken. Wir können mit unseren Gedanken anderen schaden, deshalb sollten wir überprüfen, was wir einem anderen „wünschen".

Weitere Regel: Wenn wir glücklich sein wollen, dann müssen wir auch innerlich dazu bereit sein. Das heißt, alles was uns im Leben Positives widerfahren kann, kommt nicht von ungefähr, sondern betrifft uns, da es uns betreffen soll. Doch leider lehrt uns die Erfahrung, dass es einfach viel zu viele Menschen gibt, die sich nicht erfreuen wollen. Sie fristen ihr Dasein in Trauer und Leid. Sie meinen den innerlichen Schmerz aushalten zu müssen. Sie haben zumeist die Lebensausfahrt der Freude verpasst. Somit muss uns hin und wieder vor Augen geführt werden, dass wir uns an dem, was wir haben, auch erfreuen sollten. Damit wir dies nicht vergessen, helfen uns die Karten unsere Erinnerungen aufzufrischen.

Weitere Regel: Unsere Wunscherfüllung. Manchmal wünschen wir uns etwas, was dann zum passenden Zeitpunkt als ideale Gelegenheit auf uns zukommt. Doch oftmals können wir das Erlebnis nicht mehr als Wunsch identifizieren und wundern uns nur, warum uns das jetzt passiert. Wir können es in dem Moment, in dem es passiert, nicht zuordnen. Wir bekommen oftmals ein Gefühl für eine Sache, spüren vertraute Emotionen, wissen jedoch nicht, ob das kosmische Angebot tatsächlich noch in unser Leben passt. Auch bei diesen Fragen können uns die Karten weiterhelfen, wenn wir sie dazu benutzen.Du siehst, es gibt viele Möglichkeiten, wie wir mit den Karten umgehen können. Doch sollten wir dabei niemals die Regeln vergessen. Deshalb habe ich auch zu jeder Kartenbeschreibung verschiedene Beispiele angebracht, die dir das hinter dem Problem liegende Thema näher bringen sollen. Ich möchte noch kurz anmerken, dass die Karten lediglich nur einen Teil einer Analysemöglichkeit darstellen und keine Endgültigkeit präsentieren. Wir sollten die Karten so nutzen, wie sie für uns idealerweise einsetzbar sind. Sie sind ein Handwerkszeug, welches uns hilft, eine in unserem Fokus nicht mehr sichtbare Lösung, transparent werden zu lassen. Anfänglich werde ich dir die elementaren Grundbedeutungen der Karten näher aufführen, nach den Prinzipien von Feuer, Wasser, Luft und Erde.

Nun wünsche ich dir nach der langen Einführung viel Spaß in der Welt der Wahrsagerei, der Zauberei und der Magie.

Herz-Karten

Element Wasser, die Karten der Emotionen, das tiefe Gefühl

Diese Karten beschreiben eine offene herzliche Ebene. Sie zeigen eine positive Richtung an. Es geht hierbei um die herzliche, also emotionale Verbindung. Wenn Herz im Spiel ist, dann geht es um unsere selbst produzierten, intimen Energien und somit immer um Themen, die uns direkt gefühlsmäßig betreffen und eine emotionale Verbindlichkeit darstellen. Die Personen in unserem nahen Umfeld sind uns im wahrsten Sinne des Wortes ans Herz gewachsen und genauso fühlt es sich dann auch an. Wir können uns von diesen Verbindungen nur wieder lösen, wenn wir innerlich auch dazu bereit. Somit müssen wir uns emotional, also verbindlich den Dingen stellen, um die es geht.

Wir sollten jedoch auch daran denken, dass wir uns nicht mal eben so einfach wieder lösen können. Eine Loslösung und Befreiung wird somit immer mit einer emotionalen Verletzung einhergehen. Somit sollten wir uns um unsere Herzensangelegenheiten besonders kümmern, da wir ansonsten zu viel wertvolle Energie verlieren würden, was uns nicht guttun wird.

Pik-Karten

Element Feuer, die Karten der Aktivität, des Durchhaltevermögens

Pik deutet auf innere Disziplin und Tiefe hin. Er ist der „Ermahner“, der uns an unsere Aufgaben, an die Lebenstiefen und an unsere Verantwortlichkeiten erinnert. Wir alle müssen hin und wieder kritisch und bilanzierend auf unser Lebenswerk blicken, um zu überprüfen, ob wir unseren Aufgaben auch gerecht werden. Die Achtsamkeit unserem Leben gegenüber, ist der Garant für ein stilvolles und erfülltes Leben. Wir spüren genau, wenn unerledigte Lebensthemen schwer wie Blei auf unserer Seele lasten. Wir fühlen uns dann unfrei, fast ausgeliefert. Viele schieben die vermeintliche Schuldenlast, die sie in ihrem Inneren unangenehm spüren auf andere, nur damit sie nicht selbst Lastenträger sein zu müssen. Diese Art der Selbstlüge wird natürlich nicht lange aufrecht erhalten bleiben können. Schon nach kurzer Zeit werden sämtliche Vermeidungstaktiken nicht mehr fruchtbar sein.

Oftmals versuchen wir bewusst oder aber auch unbewusst Lebensaufgaben zu übersehen, in der Hoffnung, uns damit nicht auseinander setzen zu müssen. Doch genau diese Punkte greift Pik auf und zeigt uns den Weg, den wir einst eingeschlagen haben und den wir nun auch zu Ende gehen müssen. Nach dem Gesetz der Resonanz ist alles das, was uns begegnet, zu uns gehörig. Es begegnet uns nur, da wir uns schon vor längerer Zeit für einen bestimmten Weg entschieden haben.

Zumeist sind wir irgendwann aus Bequemlichkeit einfach abgebogen und haben uns für etwas anderes entschieden. Doch das Begonnene holt uns zu einem bestimmten Zeitpunkt wieder ein und fordert von uns, dass wir uns darum kümmern und es zu Ende führen müssen. Genau diese Wege zeigt Pik uns auf, damit wir uns wieder kümmern.

Karo-Karten

Element Luft, die Karten der geistigen Weite, der Kommunikation

Die Karo-Karten zeigen eine positive Richtung an. Sie bestätigen uns, dass wir alles das erreichen und auch leben können, was wir uns was wir uns, wir müssen uns nur darum kümmern. Das Luftelement in seiner Leichtigkeit zeigt uns somit nur an, dass wir uns leicht und locker dem Leben und den eigenen Aufgaben stellen können. Das ist der Weg, um den es geht.

Sollten wir uns das Leben jedoch schwer machen, werden wir die Leichtigkeit und Freude kaum zu spüren bekommen. Nur wenn wir wirklich wollen, dann können wir uns über die Bereiche, die das Luftelement uns anzeigt, erfreuen. Das sollten wir wissen, denn die Dynamik des Luftelements mit all seiner facettenreichen Vielfalt kann auch schnell wieder vorüberziehen. Dann ist es vorbei und das Glück ist an uns vorbeigezogen, ohne dass wir es real mitbekommen haben. Oftmals nehmen wir unser Leben viel zu schwer, ohne auf die leichten Frequenzen des Lebens zu achten. Die Karokarten verweisen uns auf diese Leichtigkeit des Seins und dadurch finden wir unsere kreative Seite wieder und können diese Leben.

Kreuz-Karten

Element Erde, die Karten der Festigkeit, der Stabilität

Die Kreuz-Karten zeigen uns unsere Lernaufgaben an. Sie führen uns jedoch auch vor Augen, das, was wir sehen sollen, aber nicht unbedingt sehen wollen. Wir bekommen unsere Lernaspekte über diesen Weg präsentiert, damit uns wieder bewusst wird, worum es in unserem Leben geht.

Die meisten Menschen sind jedoch nicht bereit, sich den inneren Lernkonstellation und Bereichen des Lebens zu stellen. Damit wir trotzdem eine Möglichkeit haben, unserem Lebensweg zu folgen, bekommen wir bestimmte Aspekte auf einem direkten Weg, auf der äußeren Ebene gespiegelt.

Die Konstellation, die unseren Lebensweg kreuzen, denen wir begegnen müssen, sind dafür da, damit wir unser inneres Kreuz/Leid erkennen können. Es sind die materialisiert, denn Hinweise, die uns wieder auf unseren Weg bringen wollen. Wir haben einige energetische Verstrickungen, sei es aus diesem Leben oder sogar schon aus früheren Inkarnationen, denen wir uns in diesem Leben stellen müssen. Die Kreuzkarten zeigen uns unsere Wegkreuzungen an, damit wir sie erkennen können.

Hundertprozentig sind diese Wege für uns unangenehm zu gehen, doch wir bekommen sie vor die Nase gesetzt, damit wir endlich das anerkennen, was wir bisher nicht sehen wollten. Wir lehnen uns instinktiv gegen den Gestank alter unerledigter, innerlich gelagerter Aktenberge auf, die uns miefend in unseren kühnsten Träumen verfolgen. Doch genau mit diesen Bereichen werden wir dann bewusst konfrontiert, damit wir endlich aufräumen, um weiterzugehen. Je eher wir innerlich bereit sind, die vor uns liegenden Wege zu erkennen und zu erkunden, desto einfacher können wir mit diesen Themen umgehen.

Die Herz-Karten

Element Wasser, die Karten der Emotionen, des tiefen Gefühls

Die Herz-Karten stehen für die Herzlichkeit, die Offenheit und die Herzenswärme. Wenn ich mich emotional für jemand anderen öffnen möchte, kann ich dies nur tun, wenn ich wirklich innerlich auch dazu bereit bin.

Im Grunde genommen, gibt es keine halbherzige Offenheit, entweder ganz oder gar nicht. Wenn wir aber tief in uns hineinblicken und uns aus einer anderen Perspektive heraus betrachten, können wir sehr gut erkennen, dass nur verschiedene Teile in uns emotional wahrhaftig weit geöffnet sein können, andere wiederum bleiben verschlossen.

Wir unterscheiden uns in unseren Energieanteilen, die wir in uns tragen und die unterschiedlich agieren und reagieren. Es gibt Anteile in uns, die eher durch das rationale Bewusstsein gesteuert werden, man könnte sie auch als Kopf-bezogene Teile beschreiben. Diese Anteile sind rational, sie werden sich emotional kaum öffnen, da ihnen dies nicht entspricht.

Wenn wir uns verlieben, sollten wir uns emotional öffnen, damit wir uns überhaupt einlassen können. Die Gefühlsteile in uns werden sich darüber freuen, die Kopfteile hingegen werden diese Gefühlswallungen kaum nachvollziehen können und eher dagegen sprechen als dafür.

Wir alle kennen das und reagieren grundsätzlich genervt, wenn die inneren Stimmen in uns nicht verstummen wollen und wir alle „negativen Seiten" des Partners permanent aufgelistet bekommen. Die rationalen Teilaspekte in uns, haben Angst, dass wir über die Beziehungskultur und den damit verbundenen hohen Stellenwert, den Boden unter den Füßen verlieren und versuchen den Partner, den Geliebten zu entsorgen, damit wieder himmlische Ruhe einkehrt.

Das wiederum passiert uns nur, wenn wir uns zu extrem emotional verbinden und mehr im Bewusstsein des Partners leben, als für uns selbst. Wenn wir dem Partner unter allen Umständen gefallen wollen, werden wir uns permanent um ihn bemühen. Wir gehen uns dann im wahrsten Sinne des Wortes fremd. Dadurch schalten sich unsere Kopfteile ein, um uns dieses bewusst zu machen, damit wir die geöffnete Schiene für den Partner wieder ein wenig verschließen und zu uns selbst finden. Das ist der Weg.

Schnell begeben wir uns in eine emotionale Abhängigkeit und zwar immer dann, wenn wir an uns selbst nicht glauben wollen und somit den Partner wichtiger nehmen, als uns selbst. Dann müssen wir lernen, uns emotional ein wenig zu lösen, damit wir uns selbst wieder näher sind. Der Hauptaspekt dieser Konstellation liegt dann darin, dass wir lernen müssen, uns selbst am Nächsten zu sein. Wenn wir nicht bereit sein sollten, uns emotional zu nähren, wer sollte diese Aufgabe dann für uns übernehmen? Doch immer dann, wenn wir uns selbst zu wenig Liebe geben, erwarten wir diese

Emotionen von anderer Seite und das wiederum würde bedeuten, dass wir uns in eine emotionale Abhängigkeit begeben, um die gewünschten Emotionen endlich reichhaltig empfangen zu können.

Wenn wir uns selbst nicht lieben, wer soll uns dann lieben und wem können wir Liebe geben? Denn egal, was der Partner uns auch geben würde, wir würden es sowieso nicht annehmen, da wir uns viel zu stark mit unserer inneren lieblosen Trauer beschäftigen. Somit müssen wir lernen, uns selbst zu lieben, denn nur dann sind wir auch in der Lage, die entgegengebrachte Liebe anderer zu empfangen und auch wahrhaftige Liebe zu schenkend zu geben.

Die Herz-Karten fordern uns somit auf, dass wir uns auf der einen Seite für bestimmte Bereiche emotional öffnen müssen. Jedoch erfahren wir auch auf der anderen Seite, mit wem wir uns emotional verbunden haben. Damit wir freiwillig überlegen können, ob wir diesen Verbund auch weiterhin haben wollen. Das ist der Weg, den wir über diese Karten gespiegelt bekommen.

1 Herz-Ass/das Heim

Mein Zuhause, mein Körper, meine innere Geborgenheit

Das Herz-Ass steht für die innere und äußere Häuslichkeit, hier bin ich Zuhause, hier gehöre ich hin. Das, was zu mir gehört, ist für mich wichtig und sollte auch dementsprechend beachtet werden.

Jeder Mensch braucht ein Zuhause und muss wissen, wo sein Zielhafen ist. Nur dann fühlt er sich wohl, nur dann weiß er, wo er hingehört. Er ist daheim, fast in Mutters Schoß. Er kann sich fallen und seine Seele baumeln lassen.

Solange wir unterwegs, unter anderen Menschen sind, schützen wir uns energetisch automatisch, damit wir nicht zu viel von den Problemen der anderen auf uns selbst übertragen. Wir gehen in bestimmte Rollenverhalten, um in der Außenwelt existieren zu können. Wir ziehen uns einen Schutzanzug über, der uns vor negativen Einflüssen bewahrt. Und Zuhause, da ziehen wir uns aus. Wir ziehen uns unsere Freizeitkluft an und lassen unsere Seele baumeln. Hier können wir das sein, was wir sein wollen. Wir sind Daheim, geborgen und geschützt. Jeder, der uns in diesem Haus besucht, der sollte darauf Rücksicht nehmen. Schutzlos könnten wir Zuhause einer energetischen Attacke ausgeliefert sein, ohne genau zu wissen, was geschieht. Wie das passieren kann? Stell dir vor: Du bist Zuhause und bekommst Besuch. Natürlich stellst du dich innerlich darauf ein. Du weisst genau, dass du dich zu Hause nicht so schützen kannst, als würdest du dich außerhalb auf der Straße unter vielen Menschen befinden.

Sollte die Person, die dich in deinem Heim besucht, dir bewusst Schaden zufügen wollen, dann hat sie eine große Chance auf Erfolg. Du bist in deinem Zuhause schutzlos ausgeliefert. Du kannst diesen Gedankengang am besten nachvollziehen, wenn du daran denkst, wie du dich fühlen würdest, wenn jemand unerwartet an der Haustür klingelt und dir etwas verkaufen will. Die meisten reagieren auf so eine Situation eher verunsichert. Früher hat die Überrumpelungstaktik oft gewirkt und Früchte getragen, sodass viele Vertreter ihre Verkaufserfolge auf der Unsicherheit ihrer Kunden aufbauen konnten. Geschäfte sollten nun einmal nicht an der Haustür abgewickelt werden.

Kurzdefinition: Die Karte Herz-Ass beschreibt somit alle zu meinem Haus/Heim zugehörigen Bereiche, wie der Partner, andere Menschen, das Haustier und bestimmte Gegenstände. Sie ist eine positiv bejahende Karte, die jedoch auch genau anzeigt, dass wir nicht immer genau erkennen können, ob das, was zu uns gehört, auch wirklich gut für uns ist. In den meisten Fällen ist es gut für uns, jedoch nicht immer.

Denk daran, wenn du diese Karte ziehst, das nicht immer alles so bleiben muss, wie es war. Überprüfe dich, ob du die mit der Fragestellung verbundene Sache/Thematik auch wirklich immer noch haben möchtest. Nach reiflicher Überlegung und neuer Entscheidung kannst du dich entspannt auf der sicheren Seite fühlen.

2 Herz-König/der Geliebte

Männliche Hauptperson, der Herzensbrecher, der Gentlemen

Der König und die Dame symbolisieren die männlichen und weiblichen Hauptpersonen. Somit ist der Ratsuchende, wenn er männlich ist, der Herz-König und die Ratsuchende die Herz-Dame. Der Herz-König und die Herz-Dame passen zusammen und symbolisieren ein Paar. Somit steht die Herz-Dame dem Herz-König emotional am Nächsten. In der umgekehrten Form ist der Herz-König, für die Herz-Dame der Herzensbrecher und ihr genauso emotional verbindlich verbunden.

Der Herz-König symbolisiert die männliche Hauptperson, den männlichen Anteil in uns, somit das äußere Ich. Er ist der Mann der Herz-Dame und gehört zu ihr. Er ist die hauptsächliche Partnerfigur und braucht die Zweisamkeit, damit er alleine nicht auftreten muss. Gemeinsam fühlt er sich gestärkt.

Lächelnd kann er sich den Lebensaufgaben widmen, er kennt die Verbindlichkeit seiner Partnerschaft, findet wärmende Ruhe und Gelassenheit und wird sich stets daran erfreuen. Diese Sicherheit gibt im enorm viel Kraft den Alltag zu bewältigen.

Doch wehe die Herz-Dame hegt einen Groll gegen ihn, da kann ihm das Lachen schon mal vergehen. Er kann es nicht gut vertragen, wenn jemand feindliche Energien in seine Richtung schickt. Natürlich wird er als Mann so tun, als würde er es nicht spüren und doch wird es ihn aus seiner gewohnten Bahn schmeißen und belasten. Solche Muster sind dann zumeist geprägt aus der Kindheit.

Um seine Muster zu erkennen, sollte genau hingesehen und hinterfragt werden, um zu erkennen, was man selbst tun kann, damit man auch mehr Freude erleben kann. Immerhin würde man mit einem emotionalen und dauerhaften Zwiespalt seitens der Herz-Dame nicht umgehen können. Je fröhlicher man einer Partnerschaft gesonnen ist, desto einfacher wird sich das Leben anfühlen.

Doch dieses Zusammenspiel bezieht sich nicht nur auf die äußere Ebene, nein, wir leben partnerschaftliche Komponenten mit unseren innewohnenden Teilpersönlichkeiten in uns und die gilt es zu betrachten.

Jede noch so kleine Auseinandersetzung, die zumeist sogar unlogisch ist, die ich im Außen erlebe, findet auch in meinem Inneren statt. Je klarer mir dies bewusst ist, desto einfacher kann ich mich meinem Leben widmen.

Wir alle tragen innere/weibliche wie äußere/männliche Merkmale in uns. Sollte der Ratsuchende nun weiblich sein, so spiegelt der Herz-König ihren nach Außen stehenden männlichen Anteil und ist ihr somit am Nächsten. Das bedeutet: Immer dann, wenn Frauen meinen, einen starken Mann zu brauchen, dann sehnen sie sich innerlich den Herz-König herbei. Sollten wir im Realitätsleben keinen äußeren Mann als Lastenträger haben und das schleppende Gefühl in uns tragen, dass wir unser Leben mit all seinen verpflichtenden Aufgaben alleine nicht bewältigt bekommen, dann liegt dies nur daran, dass unser innerer Mann zu faul ist mit anzupacken.

Deswegen gilt die Regel: Wenn du dich überfordert fühlst und Hilfe brauchst, dann suche in erster Linie in dir und achte darauf, dass alle deine Persönlichkeitsanteile aktiv für dich einsatzbereit sind. Sollte dies nicht der Fall sein und du versucht jemanden zu finden, der dein innerlich gelebtes Manko äußerlich ausgleichen soll, dann wirst du auf jemanden treffen, der wahrscheinlich genauso inaktiv ist, wie deine Teilpersönlichkeit in dir.

Solltest du mit deiner innewohnenden WG in Frieden leben, dann wirst du auf äußerliche Partner treffen, die ähnlich gelagert sind und du kannst dich wahrhaftig einlassen und in Frieden eine Beziehung aufbauen, da keine Kompensationsebenen notwendig sind. Dann wirst du eine erfüllende und glückliche Beziehung leben.

Bedenke: Solltest du auf deinen Herz-König, also auf deinen Partner häufig sauer sein, dann regiert in dieser Beziehung nicht mehr die Liebe, sondern eher die Ablehnung und dies entspricht dann mehr anderen Kartenbildern. Der liebevolle und sanfte Herz-König wird sich dann eher als Pik- oder Kreuz-König zeigen. Dies symbolisiert dann im wahrsten Sinne des Wortes einen kriegerischen innerlich konzipierten Mann/Frau Konflikt.

Äußere kindlich konzipierte Streitpotentiale, kosten enorm viel Geld, bringen keine Klärung und sind nutzlos. Partnerschaftliche Streitpotentiale liegen nicht im Außenfeld, können von dort nur aufgeheizt werden, ähnlich einem Stierkampf. Klärungen finden wir stets nur in unseren männlich-weiblichen Anteilen. Haben wir diese sortiert, dann können wir uns erfolgreich auch im Außenfeld platzieren und friedvoll positionieren.

Denke bitte daran: Schon alleine unsere Gedanken, können enormen Schaden anrichten und das sollte nicht sein. Alles das, was dich ärgert, spricht nur dich selbst an. Ob andere Personen oder dein Partner dabei eine Resonanz in sich trägt oder nicht, ist im Grunde genommen unwichtig.

Kurzdefinition: Der Herz-König steht für die männliche Hauptperson und den männlichen Anteil in uns. Er sollte in Harmonie zur Herz-Dame stehen, dann ist diese Kombination in Frieden und Harmonie perfekt zu leben.

3 Herz-Dame/die Geliebte

Weibliche Hauptperson, die Herzensbrecherin, die Schöne

Die Herz-Dame symbolisiert die Herzensdame, also die Person, die uns und somit unserem Herzen am nächsten steht. Sie symbolisiert die bedingungslose Liebe, die absolute Öffnungsbereitschaft und liebevolle Hingabe. Das bedeutet, dass die Herz-Dame unsere innere weibliche Komponente darstellt, die wir auch bewusst leben müssen.

Die Liebe zu uns selbst und der eigene liebevolle Umgang mit uns selbst, hilft uns dafür zu sorgen, dass wir liebevollen Menschen begegnen, mit denen wir uns vertrauensvoll einlassen können. Lehnen wir uns jedoch selbst ab, sorgen nicht für uns, dann leben wir ein distanziertes Mangelverhalten und versorgen uns selbst zu wenig. Durch den persönlich mangelhaften Umgang mit uns selbst, werden wir genau diesen unliebsamen Aspekt im Außenfeld gespiegelt bekommen und das wiederum wird uns emotionalen Seelenschmerz bereiten.

Jeder sollte positiv eingestellt zu seinem inneren Wesenskern stehen und sich am Leben erfreuen. Die weibliche Seite ist hoch sensitiv und spürt jede noch so kleine energetische Unebenheit. Sie kann dies nicht abstellen und nimmt vieles sofort wahr. Der weibliche Kern ist extrem spirituell und ja fast hellsichtig veranlagt. Der reine Urinstinkt liefert Impulse, die nicht mal eben auszuschalten sind.

Die weibliche Seite in uns, checkt sämtliche Energiefelder ab, symbolisch gesehen, um zu überprüfen, ob Gefahr lauert und sie ihre Lieben in Sicherheit bringen sollte. Menschen, die sich durch unverarbeitete Lebensumstände von sich selbst distanziert haben, reagieren und wirken extrem hart. So werden sie auch vom Umfeld wahrgenommen. Zumeist sie dann nicht die Personen, die man liebend zu einer Party einlädt.

Da man grundsätzlich sein inneres Verhalten spürt, will man aber auch nicht, dass die Themenbereiche, die man innerlich verstecken möchte, anderen sichtbar zur Verfügung stehen können. Das Umfeld soll das eigene Mangelverhalten nicht aufdecken können, somit versucht man es zu verstecken. Jeder Begegnung wird unbewusst daraufhin abgecheckt. Man möchte vermeiden, dass man mit Personen zu tun hat, die einem ähnlich sind und die einen emotional darauf hinweisen könnten, dass man sich im inneren Ungleichgewicht befindet.

Personen, die einem begegnen und die hundertprozentig spürbar und sichtbar zu dem steht, was sie tun, werden kein Problem sein. Doch jeder andere, der innerlich gegen sich selbst lebt, wirkt energetisch unausgeglichen, seine Handlungen lassen sich nicht mal eben vorausplanen.

Solche Personen lösen einen enormen Energieaufwand aus. Die innere weibliche Komponente nimmt jede Unebenheiten auf und versucht diese zu analysieren, um Gefahrenquellen ausschließen zu können.

Die Herz-Dame ist schon alleine lebensbedingt auf den Herz-König fixiert. Er gibt ihr Sicherheit und das braucht sie. Lebt sie jedoch in einer partnerschaftlichen Beziehung und spürt, dass ihr

Gegenüber nicht wahrhaftig ist, wird sie permanent auf ihn schauen. Jede noch so kleine energetische Lebenslüge, wird sie wahrnehmen, aufnehmen und evtl. sogar auf sich selbst übertragen. So krass das klingt, aber sie wird versuchen, das Manko im anderen auszugleichen, eine Ordnung herzustellen, die sie für ihr Sicherheitsnetz braucht.

Symbolisch gesehen, versucht sie die innere Ordnung für ihn herzustellen, damit er sich der äußeren Ordnung intensiver widmen kann. Das heißt nichts anderes, als das sie ihm bewusst energetisch alle Hindernisse aus dem Weg räumt, damit er sich gezielt seinem Leben stellen kann. Dies funktioniert in uns automatisch.

Verstehen wir jedoch, dass dieses eben erwähnte, automatisch in uns ablaufende System, in unserm Inneren mit unseren innewohnenden Teilpersönlichkeiten stattfinden sollte und wir verbinden uns mit unseren Persönlichkeitsanteilen, dann können wir jede äußere Person so annehmen, wie derjenige ist, ohne das Gefühl zu haben, uns zwanghaft kümmern zu müssen.Sollten wir jedoch unsortiert in unserem Leben wandeln, dann kann es uns gerade als Frau passieren, dass wir alles daran setzen den äußeren Herz-König zu sortieren, um innerlich zur Ruhe zu kommen. Darüber bilden wir dann aber eine Abhängigkeit, die so gelebt niemals produktiv sein kann.

Je mehr wir versuchen innerlich vorhandene Spannungsaspekte über äußerliche Musterträger zu kompensieren, desto schwieriger wird es für uns selbst werden, wieder auf uns zu fallen. Wir können keinen anderen Menschen ändern, wir müssen jeden so annehmen, wie er ist. Immerhin hat auch unser äußerer Herz-König, eine innere Frau, die ihn sortieren und ihm helfen wird eine energetische Ordnung herbeizuführen.

Sollten wir uns jedoch unsortiert und ängstlich an den Hals unseres Partners klammern und ihn würgen, nur um ihn so erziehen zu wollen, wie wir denken, dass es sein müsste, werden wir keinen Erfolg erzielen können. Kein Partner möchte sich erziehen lassen!

Je mehr wir unseren kritischen Erziehungsblick und unsere wertvolle Energie auf das Außenfeld richten, je weniger setzen wir uns für uns selbst ein. Unsere innere Herz-Dame wird mit der Zeit sauer und aggressiv werden. Heftige Stimmungsschwankungen werden ihren Unmut kund tun. Je mehr wir die weibliche Seite in uns unterdrücken, desto weniger kann diese wertvolle Resource zur Ruhe kommen.

Erst wenn der innerlich gesteuerte Energiefluss harmonisch ist, wird auch die äußere Harmonie eintreten können. Doch wer von uns ist sich dessen bewusst? Wie häufig blicken wir sehnsüchtig auf das andere „Geschlecht" im Außenfeld und sind auf seine Wandlung erwartungsvoll fixiert. Wir versuchen dann unsere wertvolle Energie so einzusetzen, um die außenstehende Person in Harmonie zu bringen. Dies ist jedoch ein absolut sinnloses und fruchtloses Unterfangen. Je mehr wir auf den anderen fixiert sind, desto eher vergessen wir uns selbst und das wiederum bringt uns letztlich nur dazu, uns mehr mit dem anderen, als mit uns selbst zu beschäftigen. Wir kompensieren immer mehr Energien über die Person im Außen und unterdrücken uns selbst. Das kann auf Dauer nicht gut gehen.

Wenn diese Karte auftaucht, dann heißt dies - egal ob wir nun einen männlichen oder weiblichen Körper besitzen - dass wir uns tief in unserem Inneren mit unseren Urprinzipien auseinander setzen müssen.

Wir bekommen den Hinweis: Schau auf dich. Beobachte dich! Lebst du dich? Lebst du das, was du leben willst? Wie oft gehen wir Kompromisse ein. Stellen uns dem erwünschten und auferlegten Rollenverhalten der anderen zur Schau.

Und wir sind mit Sicherheit sehr gute und fast perfekte Schauspieler auf der großen Showbühne des Lebens. Nur was nützt uns das? Zumeist merken wir es gar nicht mehr, wenn wir mehr gegen uns selbst leben, als uns um unsere persönlichen Ebenen zu kümmern und für uns zu sorgen.

Mit der Zeit können viele kaum noch unterscheiden, was ihr eigenes Thema und was das Thema der anderen ist. Sie fragen sich, wie sie Probleme lösen, bekommen aber kaum eine Antwort, da sie ja nicht handlungsfähig sind.

Je mehr wir uns selbst und unsere eigene Persönlichkeit unterdrücken, desto weniger haben wir eine Chance, uns in Frieden und innerer Harmonie zu leben. Somit müssen wir wieder lernen, auf uns selbst zu achten. Wenn die Karte der Herz-Dame auftaucht, zeigt sie klar und deutlich an, dass sie eine Überprüfung will. Wer bin ich? Was lebe ich? Was will ich?

Ansonsten bestätigt diese Karte eine positive Marschrichtung und verweist darauf, dass die erfragten Themen eindeutig zu einem gehören. Jeder Mensch ist so individuell, dass es keine Pauschalregelung geben kann. Somit wird gerade bei dieser Karte die Individualität angesprochen und das ist besonders wichtig.

Überprüfe dich regelmäßig, ob du dir wahrhaftig auch treu bleibst. Solltest du bei dieser Frage auf ein klares „Nein“ stoßen, dann treffe Entscheidungen ändere deinen Weg. Denk bitte nicht darüber nach, ob du anderen mit deinem wahrhaftigen Verhalten schaden könntest. Jeder ist sich selbst der Nächste, nach dieser Devise musst auch du, wie alle anderen auch, leben. Das ist die Wahrheit, nach der wir alle trachten.

Kurzdefinition: Die innere Weiblichkeit, die Traumfrau. Alles was angesprochen wird, gehört zu mir. Ich muss mich und meine Weiblichkeit leben. Mich lieben, so wie ich bin und sollte mir vor allen Dingen selbst treu bleiben. Wenn ich so mit mir umgehe, bin ich eine ausgeglichene und glückliche Person.

4 Herz-Bube/die Befruchtung

Der Neubeginn, die neue Aufgabe, die neue Ebene

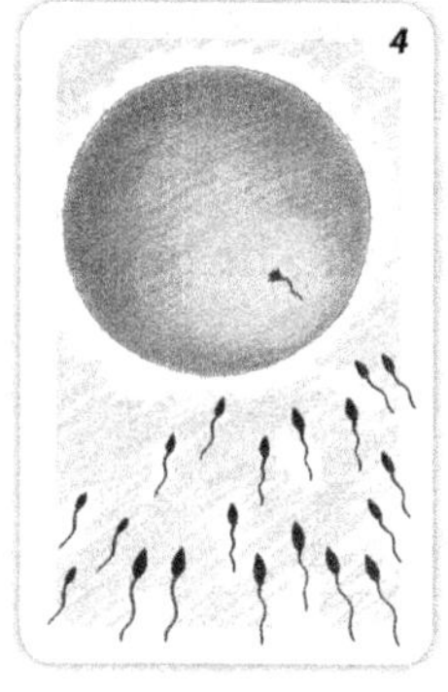

Der Herz-Bube symbolisiert den Neubeginn. Hierbei ist jedoch nicht alleine der neue Anfang, sondern gerade auch die Leichtigkeit eines Neubeginns gemeint. Jedes Mal, wenn wir etwas Neues erschaffen wollen, sind wir voller Inspiration, Elan und Neugierde, kurzum, wir sind emotional mit unserem Vorhaben verbunden. Das heißt, wir haben uns emotional auf eine bestimmte Ebene eingelassen, sodass sich diese nun manifestieren kann. Das ist der Weg.

Doch gleichzeitig symbolisiert diese Karte auch das ungeborene Kind und dies bezieht sich nicht nur auf eine materialisierte Schwangerschaft, jegliche neuen Ebenen, die in mir heranreifen, wachsen und gedeihen, wenn ich sie nähre und dies zulasse.

Ich spüre, dass etwas in mir heranwächst, etwas zu dem ich einen absolut tiefen inneren Verbund habe. So wie wir zumeist gar nicht bewusst wissen, wenn wir schwanger werden, so leicht und locker sollten wir uns den Aufgaben des Lebens stellen, immerhin sucht ein Energieanteil in uns die Möglichkeit des neuen Anfangs und wird all seine Energien auf die neue Sache legen, bis wir bereit sind, uns diesen Bereichen zu nähern. Doch die meisten inneren Energieanteile brauchen etwas länger, um zu verstehen, was damit gemeint ist und so passiert es uns häufig, dass wir aus „allen Wolken" fallen, wenn wir mit der realen Wahrheit konfrontiert werden.

Doch nun weiter zu der Karte: Nicht jedes Mal wenn wir diese Karte ziehen, können wir uns über Nachwuchs freuen. Doch erinnert sie uns an die Freuden, die ein Nachwuchs in eine Familie mit hineinbringt. Immerhin ist ein Baby in den meisten Fällen der Beginn einer Familie und somit ist ein neuer Bereich gegründet worden, zu dem wir einen tiefen, emotionalen Verbund haben. Das bedeutet auch, dass dieser Neubeginn für uns besonders wichtig ist. Doch nicht jeden Neubeginn müssen wir auf der äußeren/materiellen Ebene spüren, manchmal durchleben wir rein eine wichtige neue Gefühlserfahrung, die wir brauchen, um uns weiter zu entwickeln. Eine solche Erfahrung ist dann unserer Seele besonders wichtig, sie verspricht Heilung und schenkt uns Freude. Je lockerer wir unser Leben gestalten, desto besser geht es uns.

Diese Karte verweist uns auch im Besonderen auf unser inneres Kind hin, dass durch bestimmte Situationen zum Vorschein kommen möchte. Wir alle haben ein inneres Kind in uns, dass reifen und wachsen will. Dieses wird und soll auch nicht erwachsen werden, es bleibt Kind und wird mit seiner spielerischen Art in unser Bewusstsein vordringen, um uns leicht und locker kindlich an fantasievolle Reisen zu erinnern.

Unser Kind will spielen, ein Spiel, dass es sich ausgesucht hat, welches es mit uns spielen will. Manche inneren Kinder trauern jedoch, da das Leben ihnen viel zu hart entgegengetreten ist. Diese inneren Kinder brauchen Heilung, die sie über einen emotionalen Befreiungsakt erlangen können.Somit machen sich einige über diese Art der Emotionen bemerkbar, um gesehen und befreit zu werden.

Manche inneren Kinder lachen gerne, sind lustig, haben den Schalk im Nacken. Wenn diese Karte auftaucht, dann zeigt sie uns eindeutig an, dass wir vor einem Neubeginn stehen, der sich manifestieren wird. Unser inneres Kind hat dafür gesorgt und sich mit bestimmten Lebensbereichen verbunden und hält diese Wünsche, wie das Lieblingsstofftier fest im Arm. Manchmal müssen wir auf die materiellen Wünsche unserer inneren Kinder aufpassen, damit wir uns finanziell nicht übernehmen. Emotional kann uns dies natürlich nicht passieren, da sollten wir alles geben, was wir geben können, um Spaß zu haben.

Manche inneren Kinder schmieden Pläne, die andere Anteile in uns noch nicht mitbekommen, direkt verstehen und oder bewusst wahrnehmen können. In so einem Fall ist eine Art von Überraschung logisch. Unsere inneren Kinder tragen einen Großteil unser Lebensdynamik mit sich und bringen dadurch Farbe in unser Leben. Wie still und ruhig wäre es um uns herum, wenn da nicht die inneren Kinder wären, die uns mit Geschenken der Lebenslust oder des Lebensfrust überhäufen würden. Wenn du in dich hinein fühlst und dich nicht frei und locker spüren kannst und du dir eine Veränderung herbei wünschst, dann solltest du die Glaubenssätze deines inneren Kindes überprüfen. Die Prägungsmuster, die dein inneres Kind trägt und die sich schwer wie Blei anfühlen, sollten eine Umwandlung erfahren, damit das innere Kind sich ungefärbt frei leben kann, dann werden wir auch mit dem Leben insgesamt, aber auch mit zu fällenden Entscheidungen wesentlich besser umgehen können.

Kurzdefinition: Die angezeigte Karte verweist uns auf einen Neubeginn hin, der schon bewusst oder auch unbewusst schon passiert ist. Somit hat die Neubeginns-Befruchtung in einer für uns nicht sichtbaren Form stattgefunden, die jedoch nach einiger Zeit nicht mehr zu übersehen sein wird. Wie wir dann mit dem Resultat der Befruchtung umgehen, bleibt uns selbst überlassen. Doch sollten wir immer darüber nachdenken, wer in uns, welches Teil in uns, diesen Neubeginn gestartet hat.

Doch nichtsdestotrotz müssen wir uns einheitlich mit dem bevorstehenden Resultat auseinandersetzen und sich den damit verbundenen Anforderungen stellen und das Beste daraus machen. Es wird alles richtig sein, so wie es ist und nur darauf kommt es an. Lernen wir mit Lebensthemen einfacher umzugehen, werden wir viel mehr Lebensfreude erleben. Nach dem Motto: „Es wird schon alles gut gehen", wird unser Leben weiterhin spannend und dynamisch gestaltet sein.

5 Herz-Zehn/die Ringe

Die Wunscherfüllung, die Ehe, der Verbund, die Verbindlichkeit – das, was ich mir einst von Herzen wünschte

Häufig wünschen wir uns etwas von Herzen, was wir liebend gerne umgesetzt bekämen. Damit unsere Wünsche allerdings erhört werden können, sollten wir diese bewusst an den Kosmos senden, damit dieser diese dann, symbolisch gesehen, genehmigen kann. Wenn unser Wunschgedanke unserem System entspricht, werden wir nach kurzer Zeit entsprechende Ergebnisse sichtbar und manifestiert in Freude wahrnehmen können.

Diese Karte verweist uns auf vergangene, sehnsuchtsvolle Wünsche und zeigt eindeutig an, dass wir uns einst etwas gewünscht haben, was nun verbindlich auf uns zukommt. Das heißt, es ist da und wir werden es spüren. Das, was wir gerade spüren, ist etwas, was nun zu uns gehört und was wir verändern können, wenn wir dies bewusst tun wollen.

Diese Karte zeigt auch die verbindliche Ehe an. Gerade wenn zwei Menschen zueinander gefunden haben, ist es für sie wichtig, diese Liebe und Verbindlichkeit durch eine offizielle innere/äußere Heirat zu manifestieren. Wir geben uns das gegenseitige Versprechen und werden somit auf die verbindliche Ebene der Zweisamkeit geführt. Eine Ehe ist ein Versprechen, an dass man sich gebunden fühlt. Doch inwieweit sich jeder einzelne Part wahrhaftig gebunden fühlt, das liegt nur allein an ihm selbst.

Jeder, der sich auf ein Versprechen mit einer anderen Person eingelassen hat, lebt in dem Konstrukt nur seine eigene Verbindlichkeit und kann seine Einstellungshaltung nicht zu hundert Prozent von seinem Gegenüber erwarten. Sollten wir jedoch offen gemeinsam über die Beziehungsmodalitäten, unter anderem auch über die verpflichtenden Verbindlichkeiten der Beziehung gesprochen haben, sodass diese verständlich klar gestellt wurden, dann sind wir auch daran gebunden und können nicht mit einer angeblichen Unwissenheit liebäugeln, die nicht vorhanden ist. Abgesprochene Regeln sind ähnlich einem Vertrag, an den man sich auch halten sollte. Jeder der Beteiligten sollte sich daran gebunden fühlen.

Trotz klarer Worte, passiert es nicht selten, dass die Partner unterschiedliche, verbindliche Vorstellungen haben und dies auch zum Ausdruck bringen. Wenn das beiden bewusst ist, dann ist dies absolut in Ordnung. Sollte jedoch einer versuchen die Wünsche des anderen zu erfüllen, indem er so tut, als ob er der gleichen Meinung wäre, dann lebt er persönlich gegen sich selbst und ist unehrlich zu sich selbst. Wir sollten schon zu dem stehen, was wir leben und uns immer eine eigene Meinung bilden, der wir innerlich auch treu bleiben. Die Herz-Zehn weist uns genau auf dieses Thema hin. Sie zeigt an, dass wir uns einst etwas gewünscht haben, was wir nun auch empfangend erhalten haben und was wir in unser Leben integrieren müssen. Das heißt, wir sind emotional gebunden, müssen uns tief und absolut ehrlich mit dieser Angelegenheit auseinander setzen.

Doch zumeist wissen wir nicht mehr, was wir uns alles gewünscht haben, deshalb sollten wir uns erinnern. Wir sollten uns dem Themenbereich stellen, der durch die Karte angezeigt wird, damit wir den einst ausgesandten und nun manifestierten Wunsch auch verantwortungsvoll annehmen. Wir sollten dabei nie vergessen, dass das angezeigte Thema zu uns gehört und wir es einst haben wollten, nun ist es da und will gelebt werden. Die Frage stellt sich dann immer: Kann ich das heute auch noch gebrauchen? Und wenn nicht, was kann ich tun, um mich dieser Sache zu entledigen? Denn immerhin muss ich mich kümmern, es gehört schon zu mir.

Kurzdefinition: Die Karte zeigt zwei verbundene Ringe, die den wahrhaftigen Verbund zu uns und auch zu anderen Personen anzeigen. Auf der einen Seite fordert sie uns auf, uns zu verbinden und auf der anderen Seite zeigt sie uns an, mit wem wir verbunden sind. Wir sollten uns immer mal wieder hinterfragen, ob wir diesen eheähnlichen Verbund auch noch so haben wollen. Wenn nein, müssen wir uns symbolisch wieder „scheiden" lassen, damit wir uns überhaupt lösen können. Würden wir das nicht tun, wären wir Ewigkeiten an eine Person gebunden, an die wir beispielsweise gar nicht gebunden sein wollen.

6 Herz-Neun/der gefallene Engel

Der absolut tiefe, emotionale Verbund, die polaren Seiten in mir, die positiven und negativen Aspekte im Leben

Die Herz-Neun zeigt einen tiefen Verbund an. Wir sind mit einer Sache emotional absolut tief verwurzelt und können uns nicht einfach aus der Affäre ziehen, sondern wir müssen uns der Angelegenheit stellen. Würden wir der Situation oberflächlich den Rücken zu kehren, wird dies nichts bringen. Wir können, der vor uns liegenden Angelegenheit nicht einfach den Rücken zu kehren, nach dem Motto: Aus den Augen, aus dem Sinn, und so tun, als wäre nichts passiert, das funktioniert nicht. Lehnen wir uns permanent, mit aller Kraft gegen uns auf, könnten wir uns symbolisch gesehen, auch ein Organ aus dem Körper reißen und dann dreister Weise von unserem Körper erwarten, dass er trotzdem weiterhin problemlos funktionieren wird, wie er vorher getan hat.

Wir spüren also im Inneren, dass wir mit einer Situation/einer Person tief verbunden sind. Wir können nicht einfach den Blick davon abwenden, sondern wir müssen uns den inneren Emotionen stellen. Dies können wir jedoch nur, wenn wir verstehen, auf welcher inneren Schiene diese Sache/Person sich in uns befindet. Somit müssen wir uns die Frage stellen: Mit was/wem sind wir, warum verbunden? Was erwarten wir von der anderen Person? Was soll uns die Sache bringen?

Wir alle tragen Strukturen/Prägungen in uns, die oftmals aus früheren Leben und gerade besonders aus der Kindheit stammen. Je mehr wir uns mit diesen Strukturen befassen, desto klarer und besser können wir uns in unserem Leben entwickeln. Doch oftmals sind wir nicht bereit, uns mit diesen, doch eher belastenden Strukturen zu beschäftigen. Wir wollen sie in uns nicht wahrhaben und würden sie am Liebsten in unserem inneren Kellerverlies einsperren, damit sie keiner sieht und wir auch nicht! Genau das versuchen viele Menschen. Da wir uns/alle Teile in uns jedoch leben müssen, haben wir keine andere Wahl, als uns mit diesen, in Dunkelheit, also im Schattenbereich aufhaltenden Energien auseinanderzusetzen. Tun wir das nicht freiwillig, dann suchen sich diese Energieanteile andere Personen, die für uns wichtig sind, um über deren Wichtigkeit bei uns selbst Gehör zu finden.

Das heißt, je mehr wir einer außenstehenden Person Aufmerksamkeit schenken, desto eher werden diese Teilenergien versuchen, sich über die „geliebte“ Person im Außenfeld unsere gesamte Aufmerksamkeit einzuholen. Wie das geht? Ganz einfach. Da wir alle Schattenanteile in uns tragen, verbinden sich diese und sitzen auf dem Schoß des Partners/außenstehende Person, um uns lächelnd die Zunge herauszustrecken und das alles nur, damit wir uns ärgern. Wenn wir uns dann ärgern, ärgern wir uns persönlich nur über uns selbst. Das wiederum heißt nichts anderes, dass andere Teilenergien in uns sich darüber ärgern, dass die Schattenanteile das Verlies verlassen haben und nun in der vordersten Reihe unserer Beliebtheitsskala sitzen und kurzweilig die Regentschaft über uns übernommen haben.Die unzufriedenen Energieanteile in uns werden nun alles versuchen, damit wir uns von dem Partner/äußere Person wieder distanzieren und das nur aus dem einfachen Grund, um die äußere Projektionsfläche verschwinden zu lassen. Doch so einfach geht das nicht, die Schattenteile sorgen für Nachschub und

Statisten finden wir genug! Tief im Inneren wissen wir das. Deshalb werden wir uns längere Zeit ärgern und genau das wollen unsere Schattenenergieanteile auch, dann fühlen sie sich wohl und stehen im absoluten Mittelpunkt.

Daran sieht man, der emotionale Verbund zu einer Sache/Person, der durch die Herz-Neun-Karte angezeigt wird, muss für uns nicht unbedingt positiv sein. Diese Karte zeigt nur an, dass wir uns energetisch nicht entziehen können und das wir mit einem Schattenanteil in uns kämpfen, was sich nach Außen manifestieren will. Also müssen wir auf den tiefen emotionalen Energieverbund in uns Acht geben, der durch diese Karte angezeigt wird. Nach dem Motto: Wer in uns hat das Gericht versalzen und warum zeigt der Partner keine gute Miene zum bösen Spiel?

Kurzdefinition: Hier besteht ein tiefer emotionaler Verbund, der oftmals ein wenig übertrieben ist. Die Frage stellt sich: Wofür wir diesen Verbund überhaupt brauchen? Was wir uns von dieser Sache/diesem Menschen versprechen? Können wir uns das, was wir meinen, über den anderen erfahren zu wollen, nicht einfach selbst geben? Die Karte zeigt uns unseren inneren polaren Weg, also die beiden in uns wohnenden Seiten an. Wir können uns nicht immer nur mit der Sonnenseite in uns auseinander setzen, nein, wir müssen auch die Schattenseiten in uns betrachten. Je eher wir damit anfangen, desto besser für uns.

7 Herz-Acht/die Geselligkeit

Der Tanz des Lebens, die Ausgelassenheit, die fröhliche Feier

Die Herz-Acht zeigt uns unsere Fröhlichkeit an. Sie erinnert uns an freundliche Mitmenschen und an die Leichtigkeit des Lebens. Wir sollen uns am Leben und an der Lebendigkeit erfreuen. Wir sollten unser Leben nicht zu ernst nehmen und auch mal Traurigkeit zulassen, wenn dies an der Zeit ist. Denn alles das, was wir brauchen, bekommen wir auch, wenn wir uns dafür öffnen.

Diese Konstellation wird aber bewusst nicht dem Luftelement zugesprochen, sondern ist im Wasserelement wiederzufinden und das bedeutet, dass wir unsere inneren tiefen Gefühle in Fröhlichkeit ausleben sollen. Diese Karte weist uns genau auf diesen wichtigen Aspekt hin.

Wer kennt das nicht? Wie gerne machen wir uns das Leben unnötig schwer, da wir uns durch frühere Situation emotional immer noch betroffen fühlen. Wir wühlen in den inneren Schatzkisten der Tränen, um uns all die traurigen Erinnerungen erneut ins Bewusstsein zu rufen, die dadurch wieder mit neuer Lebensenergie geweckt werden. Natürlich heilen alte Verletzungen nicht von alleine. Wir sollten uns schon um aktive Hilfe und Heilung bemühen, vor allem dann, wenn wir die Erlebnisse nicht einfach wegstecken können. Sollten wir sie nicht ausheilen wollen, suchen wir uns Schmerzträger im Außen als Erinnerungsmodul. Also anpacken und aufräumen ist angesagt. Eines Tages, werden wir wissen, dass wir es endlich geschafft habe und uns dann entsprechend besser fühlen.

Was nützt es uns, wenn wir altvergangene, längst verblasste Erlebnisse immer wieder hervorholen, ohne sie wirklich zu verarbeiten? Manche Menschen warten förmlich darauf, wieder verletzt zu werden. Dann genügt schon eine kleine Geste des Partners und das innere Drama, nach dem Motto: „Ich werde eh nie geliebt" geht wieder los. Doch genau so stimmt es nicht, vielleicht ein bisschen, aber nicht zu hundert Prozent. Unsere Interpretation ist dann absolut übertrieben.

Übersetzt heisst das: Ein Teil in uns trauert schon sehr lange und wird aus der Teilpersönlichkeits-Gemeinschaft ausgeschlossen und nicht geliebt fühlen. Somit zeigt sich diese Teilpersönlichkeit im Schmerz befindlich, über zumeist übertriebene, emotionale Ausbrüche, macht sich dominant bemerkbar und tritt in Erscheinung. Wir befinden uns dann im System und können uns mehrere Stunden nicht mal eben ablenken. Wir spüren das Schattenteil im extremen Schmerz und sind handlungsunfähig.

Je mehr wir uns nun mit unserem angeblichen Trauerbegleiter, den Schmerzbringer im Außenfeld beschäftigen, desto weniger Heilung können wir erfahren. Verzeihen ist angesagt und dies einerseits gegenüber uns selbst und andererseits gegenüber den anderen, über die wir Schmerz erfahren haben. Keiner möchte einem anderen, den er von Herzen mag, wirklich Schaden zu fügen. Doch manchmal müssen wir verletzende Erfahrungen machen, damit wir uns an alt verwurzelte Schmerzen wieder erinnern können. Und das tut mit Sicherheit weh. Doch so schlimm können die Schmerzen gar nicht sein, wenn wir uns mal ein wenig distanziert betrachten.

Diese Karte weist auf eine innere Disharmonie hin und gleichzeitig auch darauf, dass wir in einer inneren Erwartungshaltung stehen, nur um wieder eine äußere Bestätigung unserer inneren Vorstellung zu bekommen. Wir können somit jederzeit mit diesen schmerzvollen Spielen aufhören. Wir müssen es nur wollen.

Deshalb fordert uns diese Karte auf, Spaß zu haben und das Leben spielerisch zu nehmen, nach dem Motto: „Gehe unter Menschen, habe Spaß und lache, dir wird es gleich viel besser gehen." Diese Karte ist eine Einladung sich in die lebensbejahenden Bereiche des Lebens zu begeben. Doch sollten wir dabei niemals vergessen, dass diese nicht automatisch auf uns zukommen. Nein, wenn wir sie erfahren wollen, müssen wir uns schon dorthin bewegen. Keiner ist alleine. Wenn wir wollen, können wir Freunde finden und uns mit ihnen austauschen, ganz wie wir es möchten.

Kurzdefinition: Lerne dein Leben mit Liebe und Hingabe, leicht und locker zu gestalten. Vergesse nie, jeder hat Lernaufgaben. Es liegt alleine an uns selbst, ob wir uns unser Leben schwer machen oder ob wir es rhythmisch, wie in einem Walzerschritt tänzelnd meistern. Also sollten wir einmal gründlich darüber nachdenken.

8 Herz-Sieben/das Spiegelbild

Die Liebe, die Eigenliebe, das tiefe Vertrauen zu sich selbst

Die Herz-Sieben ist die Karte der Liebe, der tiefen Zuneigung. Wenn wir lieben, dann sind wir emotional absolut geöffnet. Wir lassen unseren Emotionen freien Lauf. Wir brauchen uns nicht zu verstecken und haben keine Angst verletzt zu werden. Diese Karte sagt: „Vertraue und du wirst sehen, dass es richtig ist."

Wenn wir nicht wagen, können wir auch nichts gewinnen. Somit fordert die Karte uns auf, uns für die Liebe zu öffnen. Doch was alles können wir lieben? Wenn wir uns näher mit diesem Thema beschäftigen, sollten wir uns darüber klar werden, dass die Liebe lediglich eine verbindliche Emotion darstellt. Durch eine liebevolle und neugierige Offenheit, können wir uns mit alldem emotional verbinden, mit was wir uns auch verbinden möchten, die können Personen, Tiere, Gegenstände oder auch aber Erlebnisse, also Ereignisse sein. Letztlich passiert immer dasselbe: Wenn wir uns mit unseren Lieblingsthemen beschäftigen, öffnen wir uns emotional und dies nicht nur für die äußere Ebene, sondern gerade auch für uns selbst. Somit beschäftigen wir uns automatisch auch mit dem großen Bereich der Eigenliebe. Das ist das Hauptthema: Wir sollten uns liebend annehmen, so wie wir sind. Können wir das jedoch nicht, dann liegt es nur daran, dass wir uns selbst kritisieren und uns darüber eigene Fallbeine in den Lebensweg stellen.

Allgemein gesagt: Wir sollten lernen, uns mit dem lebensbejahenden Thema der Eigenliebe zu beschäftigen. Solange wir uns nicht annehmend lieben und in Kritik zu uns stehen, solange können wir auch keine Liebe eines anderen annehmen. Wir würden uns im wahrsten Sinne des Wortes gegen die Liebe stellen.

„So wie ich mit mir selbst umgehe, zeige ich anderen, wie sie mit mir umgehen sollen." Ich bin mein eigenes Vorbild. Und wie sollte ich jemals die Liebe eines Partners annehmen können, wenn ich mich selbst nicht als liebenswert empfinde? Ich müsste doch immer an seinen/ihren Liebesbeteuerungen zweifeln, da ich mir selbst nicht vorstellen kann, dass ich es wert bin, geliebt zu werden. Erst wenn ich mich selbst liebe, bin auch ich in der Lage, die Liebe eines anderen zu empfangen.

Und da wir alle nach dem Gesetz der Resonanz leben, wird auch mein Partner meine Liebe nicht annehmen können, wenn ich seine auch nicht annehmen kann. Doch wir alle sind lernfähig und so werden wir in Sachen Liebe und emotionaler Nähe fündig werden. Jedoch nur, wenn wir es wollen.

Kurzdefinition: Die Herz-Sieben weist uns auf das wichtige Thema der Liebe hin, damit wir nicht vergessen in Liebe zu leben. Der selbstkritische Blick in den Spiegel, um zu überprüfen, ob man selbst glücklich und vor allem zufrieden ist, stellt eine wichtige Frage dar, die man sich regelmässig stellen sollte.

Taucht bei dieser Frage ein „Nein" auf, dann sollte ich mich und meine Einstellung zu mir selbst und meinem Leben verändern, so lange bis ich rundum gesättigt, zufrieden und glücklich bin. Lebe ich ungesättigt, dann wird meine innere Einstellung äußere Resonanzen hervorrufen, die jeder erkennen und sehen kann. Häufig ist dies auch sichtbar an der körperlichen Form. Diese könnte symbolisch gesehen, aus der Ursprungsform herausquellen können. Zumeist ist Übergewicht die sichtbare Sucht nach Liebe und Sättigung. Dies entspricht dem in uns liegenden Wunsch, einfach nur glücklich da sein zu dürfen.

Wir sollten bei diesem wichtigen Thema auch einmal darüber nachdenken, wie unsere Mutter mit ihrer Körperlichkeit umgegangen ist, daran können wir zumeist direkt erkennen, was wir unbewusst nachleben. Je klarer wir uns über unsere Verhaltensmuster werden, desto eher können wir uns zu dem liebenswertesten Menschen in unserem Leben entwickeln. Wir müssen es nur wollen.

Die Pik-Karten

Die Pik-Karten stehen für die innere und äußere Disziplin. Wir müssen manchmal im Leben ermahnt werden, damit wir uns daran erinnern, was wir für Aufgaben und Verpflichtungen für dieses Leben übernommen haben. Immer wieder versuchen einige dieses leidliche Thema zu umgehen und widmen sich eher den schlichten und einfachen Bereichen des Lebens. Sie wollen sich nicht an ihre inneren Absprachen und an die einst auferlegten Verpflichtungen halten. Eine Zeit lang wird dies gut gehen, doch nach einer Weile holt uns unser schlechtes Gewissen wieder ein und wird uns ermahnen, damit wir uns wieder erinnern, warum wir inkarniert sind.

Gerade diese Aufgabe übernehmen symbolisch betrachtet, die Pik-Karten. Sie zeigen uns die Bereiche, denen wir uns stellen müssen. Je mehr wir gewillt sind, unser Leben in voller Verantwortung zu leben, desto besser werden wir uns dem Leben stellen können.

Doch sollten wir die eine oder andere wichtige Aufgabe in der Hektik des Alltags vergessen wollen, werden uns die Pik-Karten daran erinnern. Oftmals versuchen wir unangenehmen Situationen aus dem Weg zu gehen, was den angeblichen Vorteil hat, dass sich die Themen automatisch lösen. Doch genau das stimmt nicht und je mehr wir versuchen, den eigenen Verpflichtungen auszuweichen, desto eher werden diese sich uns in den Weg stellen.

Woran du persönlich feststellen kannst, ob du noch zu klärende, vor deinem bewussten Auge verschlossene, nicht direkt sichtbare Lernthemen hast, lässt sich durch die folgende Übung sehr leicht erkennen: Stell dir eine Personen vor, mit der du Probleme hast, dann fühle in dich hinein, spürst du ein Grummeln im Magen? Wenn ja, dann liegt dies nur daran, dass du über deine Wahrnehmung genau spüren kannst, dass es sich bei dieser Verbindung um eine emotional belastete, wahrscheinlich noch offene Rechnungen handelt. Je mehr du dich nun auf die in dir aufkommenden Emotionen einlassen kannst, desto eher wirst du feststellen können, was das hinter der Emotion liegende Problem ist. Hast du das Thema erkannt, kannst du es wandeln.

Offene Rechnungen sind energetische Verstrickungen, die noch nicht gelöst wurden und nun nach einer Lösung schreien. Wenn wir im Alltagsgeschehen versuchen sollten, unsere emotional belasteten Energien dezent zu vergessen, tauchen diese immer wieder auf, um uns an sie zu erinnern. Je weniger wir die Wahrheit jedoch sehen wollen, desto eher werden wir versuchen, bewusst unsere Augen vor der Wahrheit zu verschließen.

Die Pik-Karten zeigen uns unsere offenen Rechnungen, damit wir sie nicht vergessen und somit begleichen. Das ist der Weg, um den es sich handelt. Doch nun wollen wir uns den einzelnen Bedeutungen der Pik-Karten zu wenden.

9 Pik-Ass/der Vertrag

Der bindende Vertrag, die Verbindlichkeit, die feste Absprache

Pik-Ass steht für Verträge, die eingehalten werden müssen. Wenn wir einen Kauf tätigen wollen, dann suchen wir uns die gewünschte Ware aus, gehen zur Kasse, bezahlen und haben somit einen Kaufvertrag abgeschlossen. Dies ist der einfachste Weg. Doch was ist, wenn wir im Vorfeld schon ein verbindliches Einverständnis zu einer Sache gegeben haben und uns nun nicht mehr daran gebunden fühlen wollen.

Öfter passiert es jedoch, dass wir interessiert sind und dieses auch offen demonstrativ zur Sprache bringen. Wir führen ein Verkaufsgespräch, in dem wir großes Interesse zeigen. In der Phase des Gespräches sind wir auch von dem Deal überzeugt, doch dann zu Hause angekommen, stellen wir uns innerlich dagegen und entscheiden uns anders. Doch was ist mit dem Verkäufer, mit dem wir das Gespräch geführt haben - sagen wir ihm ab? In den meisten Fällen nicht, vor allem dann, wenn wir uns anders entschieden und noch keine verbindliche Unterschrift geleistet haben, dann ziehen wir uns zumeist einfach aus der Affäre. Viele handeln so, deshalb fällt es kaum noch besonders auf.

Wenn wir jedoch eine verbindliche Zusage tätigen und dies mit unserer Unterschrift besiegeln, dann sind wir einen verbindlichen Vertrag eingegangen und dieser hat Gültigkeit. Wenn wir uns aus diesem Vertrag wieder lösen wollen, müssen wir dies offen und schriftlich tun. Immerhin zählt in einem solchen Fall nur das geschriebene Wort.

Doch wie oft gehen wir verbindliche Zusagen ein, die nicht schriftlich bestätigt werden und denen wir uns trotzdem stellen müssen. Manche versuchen aus der Situation zu entfliehen, in dem sie sich bewusst nicht darum kümmern wollen. Doch so einfach geht das nicht. Tief im Inneren werden sich unsere Themen bemerkbar machen und wir bekommen schnell ein schlechtes Gewissen.

Mindestens ein Teil in uns, ist der Meinung, dass wir anders hätten handeln müssen. Was machen wir dann mit unserem schlechten Gewissen? Wir können versuchen uns abzulenken und uns mit anderen Dingen intensiv zu beschäftigen. Doch nichtsdestotrotz müssen wir uns selbst um die Angelegenheit kümmern. Zumeist sprechen wir dann auch noch mit anderen über die Situation, um eine Art Absolution zu bekommen. Doch auch das wird uns unseren Seelenfrieden nicht zurückbringen und so müssen wir uns den inneren und äußeren Themen stellen. Immerhin will mindestens ein Teil in uns, dass wir dies tun. Solange der eine Energieanteil in uns keine Ruhe gibt, solange stehen wir auch in einem direkten Energieverbund zu der anderen Person und spüren deutlich, was der andere über diese Situation empfindet. Immerhin läuft in einem solchen Fall über einen längeren Zeitraum eine nonverbale Verkaufskommunikation. Hätten wir dem Verkäufer nur offen gesagt, dass wir von der Verkaufsoption zurücktreten, dann hätte sich das Thema erledigt und wir bräuchten kein schlechtes Gewissen mehr zu haben. Unseren inneren Seelenfrieden würden wir sofort wieder finden.

Doch was ist mit Personen, die stetig solche Optionen eingehen, sie jedoch nicht einhalten? Diese Menschen drehen sich innerlich im Kreis und fühlen sich permanent belastet, ohne genau zu wissen warum. Je klarer wir mit unseren Mitmenschen verfahren, desto besser werden wir uns in unserem eigenen Leben fühlen. Ein Energieverbund zu einem anderen Menschen kann einen ganz schön in Beschlag nehmen, wie wir anhand des folgenden Beispiels sehen können.

Eine Mutter, die einen zweijährigen Sohn hat, möchte abends weggehen. Sie bestellt sich einen Baby-Sitter, der auf ihr Kind aufpassen soll. Alles ist geregelt, doch tief im Inneren kann die Mutter den Abend nicht genießen. Sie sehnt sich nach ihrem Kind und hat ein schlechtes Gewissen, dass sie ihn für ein paar Stunden, zwar mit einem erfahrenen Baby-Sitter, doch im Grunde genommen, alleine gelassen hat. Mutter und Kind haben einen direkten Energieverbund und somit wird das Kind die Gefühle der Mutter wahrnehmen. Es spürt, dass die Mutter Sehnsucht hat und wird diese Emotionen empfangen. Somit projiziert die Mutter dem Kind ein schlechtes Gewissen und beide stehen sich gedanklich emotional entsprechend gegenüber. Das Kind wird mit Sicherheit bis zum Auftauchen der Mutter sehr unruhig sein, denn erst wenn die Mutter wieder zu Hause ist, wird sie innerlich auch wieder ruhig sein. Du siehst, so übertragen sich Energieinformationen. Wäre die Mutter mit einem guten Gefühl ausgegangen, dann wäre es für alle Beteiligten ein schönerer Abend geworden. Ein Kind reagiert hundertprozentig auf die Gefühle der Mutter. Wenn die Mutter signalisiert, es ist alles in Ordnung, dann wird das Kind darauf reagieren. Für die kleine Welt des Kindes wird somit auch alles energetisch in Ordnung sein.

Kurzdefinition: Wenn die Karte Pik-Ass/Verträge auftaucht, geht es um unsere inneren und äußeren Verträge, die wir einhalten müssen. Wir können uns nicht einfach einer Situation entziehen. Wir müssen uns kümmern, um alldas, was uns betrifft. Diese Karte erinnert uns daran. Sie verweist uns, auf unsere inneren Verbindlichkeiten, die nun auf uns zukommen und um Aufmerksamkeit und Erfüllung bitten. Sollten wir jedoch vor einem neuen Vertrag stehen, dann sollten wir ihn nach reiflicher Überlegung auch verbindlich eingehen.

10 Pik-König/der strenge Vater

Die Disziplin, die Strenge, der Lehrer

Der Pik-König ist im Grunde genommen, so etwas ähnliches wie eine Gerichtsperson. Eine männliche Person, ähnlich einem Vater. Diese Person wirkt zumeist älter und reifer als wir selbst. Er erhebt den Finger und will uns ermahnend auf unsere, zu erledigenden Lebensaufgaben aufmerksam machen. Wir lauschen auf seine Lebenserfahrung. Wir hören ihm zu und nehmen das Wissen, dass er uns vermittelt, dankend auf. Er ist weise und diese Weisheit wird uns Themenbereiche erfahren lassen, die wir wiederum für unser Leben brauchen, damit wir uns finden können, nur so sind wir in der Lage, darauf zu achten. In den meisten Fällen sind wir nicht gerade erfreut darüber, das wahrzunehmen, was wir gerade hören. Es ist für uns zumeist unangenehm, die Wahrheit zu hören. Besonders extrem ist dies, wenn wir aus Selbstschutz die Augen vor der Realität verschlossen haben sollten. Doch so unangenehm die Wahrheit auch sein mag, wir müssen uns ihr stellen, das ist unsere Aufgabe.

Der Pik-König klärt uns auf. Dabei beurteilt er uns auch ein wenig, deswegen benutze ich auch den Ausdruck Gerichtsperson. Wir stehen symbolisch ein wenig vor unserem inneren Gericht und sollten dabei selbst über uns nachdenken und uns ein wenig beurteilen. Um das zu begreifen, werden wir uns ein wenig mehr mit dieser Thematik auseinander setzen.

Wenn wir sterben, dann schließen wir dieses Leben ab, indem wir uns noch einmal alle wichtigen Lebensphasen, teilweise dreidimensional anschauen. Wir betrachten dadurch unser Leben und unsere eigenen Verfehlungen aus einer anderen Position heraus, wechseln die Perspektive und stellen ein eigenes Urteil über unser Lebenswerk. Somit prägen wir in diesem Leben schon unser zukünftiges Leben. Denn alles das, was wir in einer Inkarnation „verbockt“ haben, müssen wir auch wieder in einer Inkarnation gerade rücken. Das ist unsere Aufgabe.

Damit sich nach diesem Leben nicht so viele offene Rechnungen angesammelt haben, haben wir stets die Möglichkeit während unseres Lebens genau hinzuschauen, um zu erkennen, um was es geht. Und gerade eine Person, die wir als wichtig und wertvoll erachten, die uns einiges zu sagen hat, ist besonders wertvoll. Deshalb sollten wir auch niemals böse auf eine Person sein, die uns unsere eigenen Verfehlungen vor die Nase hält. Nein, wir sollten die Chance ergreifen und uns viel mehr um uns selbst kümmern, damit wir unsere energetischen Verhaltensmuster erkennen und uns von negativen Belastungen befreien können.

Kurzdefinition: Der Pik-König symbolisiert eine wichtige Person, von der wir einiges lernen können. Wir sollten uns intensiv mit dem Spiegelbild, den die andere Person, für uns bereit hält, auseinander setzen. Alles das, was wir an einem anderen bewundern, bewundern wir eigentlich nur an uns selbst und sollten uns somit auf die innere Suche machen, um das zu finden, was wir brauchen. Das ist der Weg, um den es sich dreht. Diese Karte fordert uns auf genau hinzusehen.

11 Pik-Dame/die strenge Mutter

Die Disziplin, die Strenge, die Lehrerin

Die Pik-Dame steht für die innere Vertraute, die Mutter. Die disziplinierte Freundin, die uns sagt, um was es geht. Hierbei werden besonders die Themen: innere Disharmonie, Unruhe und Zwiespalt angesprochen. Je mehr wir uns mit uns selbst auseinander setzen, desto eher werden wir immer wieder überprüfen, was wir bewusst und auch unbewusst leben. Doch wie oft leben wir in einem Rollenverhalten und somit nicht selten gegen uns selbst, anstatt uns bewusst mit uns selbst zu beschäftigen. Wenn wir dies tun, dann richten wir unsere Energien gegen unser Urnaturell und dies nur, um anderen zu gefallen und auch aus der Angst heraus, andere zu verletzen, wenn wir uns wahrhaftig leben würden.

Viele Menschen trauen sich nicht ihr wahres „Ich“ zu zeigen, da sie der Meinung sind, dass der Partner oder andere wichtige Personen damit nicht leben können. Sie haben lange Zeit in einem Bild gelebt, an das sich das Umfeld gewöhnt hat. In Gewohnheiten zu leben, bedeutet auch Sicherheit. Solange wir allerdings ein Bild von uns abgeben, welches wir wahrhaftig nicht sind, werden wir eines Tages unser wahres Gesicht zeigen müssen, anders geht es nicht.

Damit wir die Schauspielerei und das somit andauernde und anstrengende Rollenverhalten ändern können, hilft uns der Gedanke, dass wir aus mehreren Teilenergien bestehen und verschiedene Energiekomponenten in uns tragen. Wir müssen zu all dem stehen, was wir sind und uns nicht verurteilen. Auch dürfen wir unsere Reifezeit nicht ignorieren, sie ist wichtig, wir verändern uns im Laufe der Zeit und der vielen Jahre.

Viele haben jedoch Angst sich zu verändern und leben weiterhin die einst selbst auferlegten Rollen, die sie tief im Inneren gar nicht leben wollen. Doch woher kommt das? Meist prägen wir solche Verhaltensmuster aus der Kindheit und richten Energien gegen uns, um beispielsweise der Mutter helfen zu können. Damit wir uns jedoch an diese unbewussten Verhaltensmuster erinnern können, brauchen wir Situationen oder ähnlich gelagerte Personen, die uns an unsere eigenen Verhaltensweisen erinnern. Wir müssen uns dann unbewusst gelebtes Rollenverhalten vor Augen führen und uns bewusst werden, damit wir diese unliebsamen und unproduktiven Wegbegleiter wandeln können.

Die Pik-Dame erinnert uns an genau diese, in uns behafteten, alltäglich gelebten Energiestrukturen, die uns eher schaden, als dass sie uns helfen. Wir erinnern uns dann an unsere eigenen unbewusst gesetzten, disziplinierten Glaubenssätze, die wir leben, obwohl sie uns eher schaden, als nutzen. In der Kindheit übernehmen wir Verhaltensmuster von den Eltern und leben diese nach. Später, wenn wir selbst erwachsen sind, wollen wir unser eigenes Ich-Bewusstsein leben und unser Leben selbst gestalten. Das wiederum fällt uns jedoch besonders schwer, wenn wir uns innerlich gegen uns selbst gestellt haben. Wir müssen uns den Gewohnheitsmustern in uns stellen und überprüfen, ob wir diese weiterhin so leben wollen. Die Pik-Dame holt uns unsere Muster nach vorne in unser Bewusstsein, damit wir uns erinnern können.

Fazit: Sei behutsam und wachsam mit dir. Achte darauf, was du tust. Wenn du Themen aus der Kindheit nachlebst, dann werden sie im Laufe der Zeit Eigenläufer und dir immer ähnlicher. Überprüfe stets, ob du das, was du lebst auch wirklich leben willst. Passe dich niemals zu extrem an, vor allem nicht zum Gefallen anderer, auch wenn die dich anders haben möchten. Bleibe immer du selbst und überprüfe zeitweise, ob du dir auch selbst treu geblieben bist. Wenn nicht, dann ändere deine Verhaltensmuster und es wird dir gleich wesentlich besser gehen. Also achte auf dich und sei verantwortungsvoll deiner Person gegenüber. Denke daran, nur du alleine trägst die Verantwortung für dein Leben und kein anderer kann dies für dich tun, auch wenn du deine schweren Lebenskoffer manchmal gerne abgeben würdest.

Kurzdefinition: Die Pik-Dame erinnert uns an unsere unbewusst gelebten Verhaltensmuster. Sie zeigt uns alleine durch ihre Präsenz, auf welchem Bereich wir uns selbst untreu geworden sind. Je tiefer wir uns auf uns selbst einlassen, desto eher werden wir uns unsere eigene Treue konstant verbindlich und einhaltend schwören und dass macht das Leben erst richtig lebenswert.

12 Pik-Bube/die Kommunikation

Gespräche, klare Vorstellungen, ausgesprochene Worte

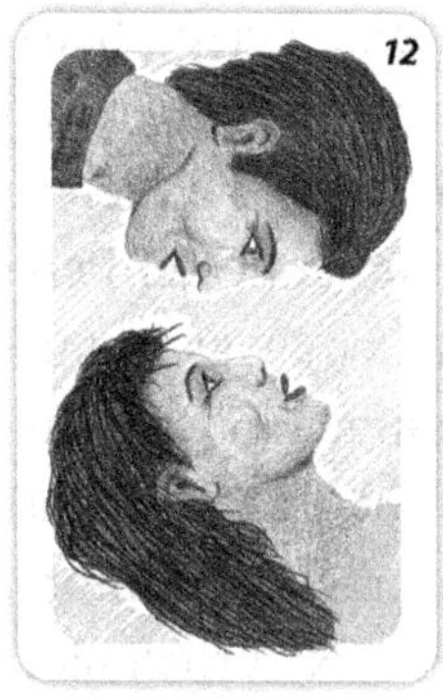

Der Pik-Bube steht für die Kommunikation. Er fordert uns auf miteinander zu reden und energetische nonverbale Verstrickungen aufzulösen. Wir kommunizieren über verschiedene Kanäle und erreichen uns somit auch auf unterschiedlichen Ebenen. Wir kommunizieren viel mehr nonverbal als verbal. Das bedeutet wiederum, dass wir viel mehr Informationen von unserem Gesprächspartner nonverbal aufnehmen, als dieser verbal in Worten ausspricht. Wir nehmen diese Informationen zusätzlich zu dem geführten Gespräch auf und setzen uns unser eigenes Werturteil über die Situation. Das bedeutet jedoch auch, dass wir uns den Themen des anderen, die wir nonverbal aufgenommen haben, zusätzlich stellen müssen. Wir wissen nun um Dinge, die uns zwar offiziell nicht genannt wurden, die wir jedoch unbewusst wahrgenommen haben. Und somit spüren wir sehr genau, ob sich jemand wirklich darüber freut, uns zu sehen oder auch nicht. Ein Lächeln an der Eingangstür kann die wahrhaftige Information des „Nicht-wirklich-willkommen-seins“ auch nicht verstecken. Das sollte uns immer bewusst sein.

Die meisten energetischen Verstrickungen erfahren wir über diesen Weg. Wir wissen etwas anderes, als wir über das Gesagte erfahren haben. Wir würden nun gerne ein offenes Gespräch mit unserem Gegenüber führen, trauen uns jedoch nicht, da wir nicht wissen, wie der andere darauf reagieren würde, wenn wir offen das ansprechen, was uns auf der Seele brennt. Oftmals ist es uns fast peinlich andere Informationen empfangen zu haben. Relativ häufig trauen wir unseren eigenen Gefühlen nicht und versuchen uns mit anderen Gedanken zu beruhigen und abzulenken.

Wenn es sich bei dem Gesprächspartner nur um eine Person handelt, mit der wir wenig zu tun haben, können wir nonverbal erhaltene Informationen zumeist einfach wegstecken, sie interessieren uns nicht sonderlich. Doch was ist mit unserem Partner? Oder Personen, die sich sehr nah in unserem Umfeld aufhalten? Was ist mit denen? Was ist damit, wenn wir Informationen aufgenommen haben, die wichtig sind und die der Partner uns verbal jedoch nicht mitgeteilt hat? Stetig werden wir die nicht ausgesprochenen Information aufnehmen und unbewusst darauf reagieren. Natürlich hält auch der Partner einen Spiegel für uns bereit und natürlich erkennen wir darüber unsere eigenen Themen, somit sollten wir ehrlich auf uns schauen. Doch was können wir bezüglich der anderen Person tun? Darüber reden, einfach sprechen. Was kann uns schon passieren? Natürlich kann es sein, dass der Partner das von uns empfangene Thema ablehnt und uns unseren „Schuh" als den eigenen zurückgibt. Doch trotzdem, egal was wir empfinden, ein Stückchen Wahrheit ist immer dabei. Also sollten wir niemals über Schuld oder ähnliches reden. Höchstens darüber, dass wir ein Gefühl in uns tragen und die Vermutung haben, dass es so sein könnte. So können wir Konflikte, belastete und zu klärende Situationen miteinander lösen, ohne dass sich einer verletzt fühlen wird. Je mehr wir klären können, desto besser für die Beziehung und natürlich auch für die miteinander gelebten Situation.

Kurzdefinition: Der Pik-Bube fordert uns zum Gespräch auf. Er will, dass wir reden und die Themen, die uns auf der Seele liegen und belasten, aussprechen. Nur so können wir uns von unangenehmen Emotionen befreien. Egal, was zwischen zwei Menschen steht, wenn das Thema ausgesprochen wird, dann findet eine Klärung statt und das ist es grundsätzlich wert. Wir sollten uns ganz bewusst dieser Situation stellen, damit wir unsere Erfahrungen sammeln können. Die Aufforderung lautet: Rede und du wirst sehen, dass es nichts gibt, was dich hindert. Deine Gedanken werden sich in Luft auflösen und du wirst erleichtert aufatmen können. Es lohnt sich.

13 Pik-Zehn/der Umzug

Die äußere Wandlung, die Veränderung, der Umzug

Die Pik-Zehn zeigt einen Wandel und Wechsel an. Beispielsweise ziehen wir um, kaufen ein neues Auto, beginnen eine neue Arbeit oder lösen uns von einer langjährigen Partnerschaft. Diese Karte zeigt jeglichen Umbruch an. Wir haben uns vor geraumer Zeit innerlich verändert und nun passen die äußeren Gegebenheiten nicht mehr zu den inneren. Somit müssen sich auch die äußeren Umstände entsprechend verändern, damit sie zu der neuen Lebenseinstellung passen. Das ist der Weg und die dahinter liegende Aufgabe.

Immer dann, wenn wir alte Lebensgewohnheiten ablegen, dann ändern wir unsere innere Einstellung. Alldas, was wir bis dahin gebraucht haben, das bekamen wir auch. Vielleicht brauchten wir sogar einen Partner, der uns tagtäglich mit unserem inneren Spiegelbild genervt hat. Dann haben wir unser Musterverhalten verstanden, das Muster, nachdem wir gelebt haben. Durch das Erkennen könnten wir es wandeln und auch ändern. Und nach einer Weile und regelmäßiger Arbeit an uns selbst, haben wir diese Struktur verlassen können. Wir haben uns innerlich gewandelt. Doch was ist mit dem Umfeld? Das hat sich nicht gewandelt, kann uns jedoch nicht mehr so erreichen, wie es früher einmal der Fall war. Wir haben das Spielfeld verlassen. Wir brauchen die andere Person im Außen nicht mehr. Auch wenn es sich hierbei um einen Partner handeln sollte, kann es durchaus sein, dass wir ihn für unser zukünftiges Leben nicht mehr gebrauchen können.

Wenn wir uns das aus dieser Perspektive betrachten, können wir erkennen, dass wir mit dem Partner ein Spiel gespielt haben, welches uns dienlich war. Die Regel des Spiels lautete: „Sich alltäglich den gegenseitigen Spiegel vor die Nase zu halten." Natürlich sind beide Personen in einem solchen Konsens und Spielemodus emotional betroffen und natürlich ärgert man sich über den anderen, anstatt über sich selbst nachzudenken.

Doch genau dazu war der Spiegel gedacht, um zu erkennen, dass das, was mich an meinem Gegenüber, an meinem Partner ärgert, letztendlich nur eine innere verletzte Struktur in mir ist, die ich über den Partner erkennen sollte. Wenn ich das verstanden habe und mich meiner verletzten Struktur annehme und diese bearbeite, dann kann der Partner über diese Struktur keine Spiegelung mehr hervorrufen. Somit können wir uns rein theoretisch nicht mehr ärgern. Das Spielfeld bleibt ruhig.

Doch das was bleibt sind zwei Menschen, die sich erst einmal neu begegnen und kennen lernen müssen, denn die bisherige und extrem wichtige Partnerschaftskomponente – der Streit über die Spiegelung – ist nun nicht mehr da. Sollten beide danach keine neuen Anhaltspunkte mehr finden, kann es sein, dass sich die Partnerschaft auflöst, obwohl wir dies bewusst gar nicht wollen. Doch irgendwann, dann ist es soweit und die Partner werden sich in Frieden voneinander lösen. Es nützt keinem etwas, sich im Vorfeld über eine eventuelle Trennung den Kopf zu zermartern. Wir können daran dann sowieso nichts mehr ändern.

Kurzdefinition: Die Pik-Zehn zeigt uns eine Wandlung an. Sie sagt uns, dass wir innerlich einiges geändert haben und dass es nun an der Zeit ist, die äußere Wandlung vorzunehmen. Somit bekommen wir anhand dieser Karte die Aufforderung gestellt, uns auf den längst anstehenden Umzug, der uns auf einen neuen Weg führt, einzustellen und loszulegen. Wir können nicht mehr zurück, die Veränderung wird so oder so eintreffen. Wir haben keine andere Wahl, als uns der äußeren Wandlung bewusst zu stellen. Diese Karte symbolisiert die manifestierte Form unserer Träume, nach innerer getaner Arbeit und mehr nicht.

14 Pik-Neun/die Geduld

Alles braucht seine Zeit, es ist noch ein langer, weiter Weg, die Aufforderung: habe Geduld

Pik-Neun ist genauso wie die Pik-Acht eine Zeitkarte. Sie beschreibt uns einen langen, gemächlichen Weg, den wir erklimmen müssen und den wir noch vor uns haben. Dieser Weg fordert unsere volle Aufmerksamkeit und viel Geduld. Gerade wenn wir auf den zukünftig erwünschten Erfolg einer Sache die Karten befragen und daraufhin als Antwort die Pik-Neun ziehen, bekommen wir eindeutig angezeigt, dass wir uns gedulden müssen, da es noch eine Weile dauern wird, bis es soweit ist.

Doch mal ehrlich gesagt, wer in der aktuell schnelllebigen Zeit ist überhaupt noch bereit, Geduld aufzubringen und zu warten. Die meisten bestimmt nicht, viele haben stets das Gefühl keine Zeit zu haben. Doch wir müssen uns in Geduld üben und stets positiv an unsere Vorhaben denken, um überhaupt ans Ziel zu kommen. Vernachlässigen wir unsere Planungen und Zukunftswünsche, können sich diese nicht materialisieren, das sollten wir nicht vergessen. Wenn wir nicht bereit sind nachhaltig Geduld aufzubringen, haben wir ein großes Problem. Unser Leben braucht Zeit von Anbeginn bis zum Ende. Alles braucht nach unserer irdischen Vorstellung Zeit. Wir können diesen Zustand, auch wenn wir ihn noch so gerne beschleunigen und wandeln wollten, nicht verändern, wir sind nicht dazu in der Lage.

Viele Menschen, die ihr Leben als monoton empfinden, sind alltagsmüde und sehnen sich nach Flexibilität, Freude und Lebendigkeit, nach einer dynamischen Zeitphase, die ihre Herzen höher schlagen lässt.

Unsere Sehnsucht, auch nach dem rettenden Traumprinzen, ist enorm groß. Wie gerne würden wir einen geliebten Partner, unseren Traumprinzen, endlich in die Arme schließen, um neue inhalierende Impulse zu bekommen, die wir genüsslich aufsaugen können. Doch was können wir tun? Nichts? Müssen wir einfach nur abwarten?

Nein, wir sollten innerlich nachhaltig sein und mit unseren Wünschen und Gedanken aktiv bleiben, es braucht halt alles seine Zeit.

Gerade anhand solcher Konstellationen erfahren wir, was es heißt, Geduld zu haben und das wiederum ist besonders wichtig für unser Leben. Denk doch einmal kurz an die Vorfreude der Kinder, wenn diese auf Weihnachten warten, auf die Geschenke und auf die vielen Überraschungen. Sie haben Geduld, denn sie zählen die Tage und wissen natürlich, wann es endlich soweit ist. Die Vorfreude ist dabei besonders groß. Es gibt in diesem Fall ein festes Datum, welches wir einplanen können. Diese Form ist natürlich einfacher zu leben, als wenn man nicht weiss, ob und wann unsere gedankliche Saat Früchte tragen wird. Eine große Form von Unwissenheit ist das, was manche immer wieder von ihren Vorhaben abbringen lässt.

Zu warten und sich zu freuen, ist auch eine wichtige Zeitphase, die uns in Ekstase versetzen lässt und die wir genießen können, wir müssen uns nur in Geduld üben. Das ist eine wertvolle und wichtige Aufgabe, die wir brauchen und nach der wir uns richten sollten.

Doch wie ungern nehmen wir Wartezeit in Kauf. Je mehr wir jedoch drängeln, desto länger und unerträglicher wird die Situation, in der wir uns wütend befinden. Stellen wir uns dazu kurz das Beispiel einer Kassenschlange vor. Wir sind in Eile und wollen besonders schnell den Laden wieder verlassen können. Nun gibt es fünf Warteschlangen. Wir wählen uns eine aus, ohne jedoch genau auf unser Gefühl zu hören. Es dauert und dauert und dann muss die Kassiererin auch noch eine neue Kassenrolle einlegen. Innerlich kochen wir. Doch dann endlich sind wir an der Reihe, schnell und hektisch legen wir die Waren auf das Rollband und danach in den Wagen, um in Windeseile alles im Kofferraum zu verstauen, den Parkplatz zu verlassen und nach hause zu fahren. Wir gehen gestresst aus dem Laden heraus. Was hatten wir davon? Nichts.

Hätten wir auf unser Gefühl gehört und uns gelassen in eine Warteschlange angestellt, dann hätten wir auch in Seelenruhe Warten können, bis wir an der Reihe wären. Wir hätten gelassen bezahlen können und wären zufrieden nach Hause geschlendert. Das Ganze hätte dann höchstwahrscheinlich auch nicht mehr Zeit in Anspruch genommen, als der hektische Einkauf. Jedoch wäre der Krafteinsatz hierbei wesentlich geringer gewesen.

Wenn wir den Kraft- und Energieeinsatz, ähnlich einem Zeit- und Geldeinsatz bewerten würden, erkennen wir, dass wir hätten einiges sparen können. Das wiederum hätte uns bestimmt glücklich gestimmt. Ich rate keinem im Stress einzukaufen. Lieber abwarten und den Laden dann betreten, wenn du die nötige Muße dazu hast und schon wird das Thema Einkaufen viel einfacher sein.

Kurzdefinition: Die Pik-Neun erklärt uns, dass wir uns in Geduld üben sollen. Wir sind schon auf dem richtigen Pfad unseres Lebens, jedoch braucht es noch einiges an Zeit, bis wir unser Ziel erreichen können. Also lehnen wir uns doch einfach gemütlich in den Sessel zurück und verweilen gelassen auf die Dinge, die da kommen mögen. Natürlich werden wir uns weiterhin kümmern, das bedarf keiner Frage. Je intensiver und gelassener der Energieeinsatz, desto größer wird der Erfolg sein, also es lohnt sich.

15 Pik-Acht/die Schnelligkeit

Alles kommt über den kurzen Weg, schnell auf uns zu und erwartet spontane Handlungen

Pik-Acht stellt auch wiederum eine Zeitkarte dar. Alles passiert in Kürze. Bald ist es so weit. Sehr schnell werden wir unsere Erfahrung machen. Die Post ist schon unterwegs. Der Weg ist nah. Die Lösung liegt uns schon fast vor unseren Füßen. Das sind die Aussagen der Pik-Acht. Sie zeigt uns deutlich an, dass alles im Fluss ist und bald als Resonanz auf uns zukommen wird. Wir können nicht mehr allzu lange warten und sollten nichts hinauszögern. Angehen ist angesagt und zwar jetzt.

Sollte es sich hierbei um eine unangenehme Sache handeln, die nach Erledigung schreit, dann ist es wichtig, dass wir darauf, wie wir mit uns und zu erledigenden Aufgaben umgehen. Viele versuchen immer noch unangenehme Aspekte innerlich zu verdrängen, was sich jedoch auf der äußeren Ebene automatisch bemerkbar machen wird. Die beste Strategie ist der Angriff und somit sollten wir die Themen bewusst angehen und uns den Dingen widmen, denen wir uns sowieso stellen müssen. Was nützt es zu warten? Und vor allen Dingen stellt sich die Frage: Worauf warten wir? Es wird nicht besser, wenn wir versuchen unangenehme Themen verdrängend zu umgehen, es kann nur gut sein, wenn wir uns gezielt darum kümmern und zwar jetzt. Denn aufgeschoben ist niemals aufgehoben und somit sollten wir uns kümmern.

Gerade die Karte Pik-Acht verweist uns daraufhin, dass etwas sehr schnell auf uns zukommen wird und auch, dass wir uns unseren Themen und Aufgaben stellen müssen. Wir sollten gewappnet sein, auf das, was auf uns zukommt, damit wir es mit Freude annehmen können. Jede noch so kleine Verdrängung kostet viel zu viel Energie, wofür? Das, was wir jetzt erledigen können, das sollten wir auch regeln, sonst stehen wir eines Tages vor einem Müllberg, der übergoss und unansehnlich, müffelnd vor sich hin gammelt.

Wenn der Berg so groß ist, wird die Motivation ihn aufzuräumen, immer kleiner werden. Wie wollen wir den jemals wieder wegräumen, aussortieren und entsorgen? Dieses Thema bezieht sich jedoch bei weitem nicht nur auf äußere Bereiche, nein, gerade in unserem Inneren müssen wir immer wieder besonders gut für Ordnung sorgen. Wenn wir verletzt wurden, dann dürfen wir diese Verletzung unter keinen Umständen einfach hinnehmen, wir müssen sie in uns ausheilen, damit sie uns später nicht im Weg stehen kann. Wenn wir regelmäßig Seelenpflege betreiben würden, wüssten wir, was wir tun können. Nichts würde sich uns in den Weg stellen können. Wenn du dich bewusst um dich kümmern willst, dann nimm dir jeden Tag vor, negative Energiebelastungen emotional verletzter Gefühle aufzuräumen, damit sie dir nicht im Weg stehen. Du wirst nach kurzer Zeit spüren, wie selbstbestimmt, frei und ungebunden du dich fühlen wirst.

Kurzdefinition: Taucht die Karte Pik-Acht auf, zeigt sie an, dass etwas in Kürze passieren wird. Wir erfahren bald eine Veränderung. Nichts lässt mehr auf sich warten, die Zeit drängt. Alles wird seinen Weg gehen, automatisch und ohne Umwege. Die Zeit ist reif, aufräumen und wandeln ist angesagt.

16 Pik-Sieben/die Ernte

Die Arbeit, alles das, was ich sähe, werde ich ernten, der Lohn für die mühevolle Arbeit

Die Pik-Sieben steht für die Arbeit, Beruf – Berufung. Wir verbringen viele Stunden an unserem Arbeitsplatz und genau das sollte uns dazu veranlassen, einer Arbeit nachzugehen, die wir auch wirklich gerne ausüben möchten. Doch viele Menschen gehen einer Arbeit nach, die sie im wahrsten Sinne des Wortes gar nicht ausüben möchten. Innerer Frust wird die andauernde Unzufriedenheit in der Arbeitssituation bewusst äußerlich sichtbar werden lassen. Doch was nützt es uns mit so einer Einstellung zu leben?

Was nützt es uns, wenn wir das schmutzige Geschirr stehen lassen, damit wir uns jetzt nicht dieser ungeliebten Arbeit widmen müssen? Was soll das bringen, wenn wir verzweifelt versuchen, uns mit anderen Dingen abzulenken? Das schmutzige Geschirr muss so oder so erledigt werden. Leben wir in einer ablehnenden, kontraproduktiven Einstellung, dann werden wir alles dafür tun, nicht aufzuräumen, damit wir unsere innere Opposition, die vielleicht schon seit unserer Kindheit in uns vorhanden ist, nicht dienlich erfüllen müssen. Die kindliche Opposition, wird dann über lange Zeit im erwachsenen Leben die Regentschaft über unsere Handlungen bestimmen.

Wir kommen doch nicht drum herum, uns unseren Aufgaben stellen zu müssen und je mehr wir uns innerlich dagegen stellen, desto weniger können wir uns anderen Dingen widmen. Wir verstopfen uns dann mit unserer Handlungsunfähigkeit. Wir werden stets an die noch bevorstehende Arbeit denken und somit viel zu viel Energie in diesen Bereich investieren, obwohl wir dies bewusst gar nicht tun wollen. Würden wir die Arbeit direkt und einfach abwickelnd erledigen, dann wäre es vorbei und wir könnten uns anderen Dingen frei und offen widmen. Genauso auf dem Arbeitsplatz, was nützt es uns, wenn wir uns darüber ärgern, dass wir diese Arbeit haben? Sich zu ärgern, bedeutet sowieso nichts anderes, als von einem eigenen inneren Problem, über ein äußeres unwichtiges Thema abzulenken. Aus dieser Perspektive betrachtet, sollten wir uns immer hinterfragen, was uns stört, damit wir erkennen können, um was es geht.

Doch wie können wir eine sättigende Zufriedenheit in unserem Berufsleben erreichen? Erst einmal sollten wir uns hinterfragen, was wir überhaupt wollen, aber auch, was wir auf unserer Arbeit tun können, um ein besseres Gefühl als Motivationsgrundlage zu erreichen. Was macht uns Spaß? Nicht alles werden wir mit einem Applaus erledigen, aber es gibt mit Sicherheit viele Bereiche, die Freude bereiten und die sollten wir uns motivierend vor Augen führen.

Auch im umgekehrten Fall: Was müssen wir auf der Arbeit tun, was uns belastet? Was hätten wir gerne anders? Wer/welche Person/Kollege/Kollegin empfinden wir als störend? Können wir uns eine weitere Zukunft an diesem Arbeitsplatz vorstellen? Was würden wir gerne tun? Wenn wir uns diese Fragen beantworten, können wir viel schneller erkennen, was wir gerne leben würden und uns diesem Sektor öffnen.

Doch sollten wir auch daran denken, dass wir häufig von etwas träumen, was sich in der Realität ganz anders darstellen würde. Deshalb versuche immer direkt die negativen Seiten deines „Traumjobs“ zu überdenken und dann überprüfe dich erneut, ob dir dieser Bereich auch wirklich liegen könnte. Viel Spaß dabei.

Kurzdefinition: Die Pik-Sieben weist uns auf das Thema Arbeit hin. Sie deutet an, dass wir uns unseren Wünschen bezüglich der Arbeit stellen sollten. Die Aufforderung lautet: Wir müssen an einer Sache arbeiten, innerlich wie äußerlich, das ist wichtig zu wissen. Jede innere Arbeit bringt die äußere zwangsläufig mit sich. Jede finanzielle Unzufriedenheit, hat auch gleichzeitig etwas mit unserer Ernte und somit auch mit unserer Selbstwertstellung zu tun. Auch diese Emotionen könnten wir bei Zeiten überprüfen.

Die Karo-Karten

Die Karo-Karten stehen für jegliche Art der Kommunikation. Wir kommunizieren und tauschen Erfahrungswerte aus, damit wir Erkenntnisgewinne haben können. Um uns weiterbilden zu können, ist es wichtig unseren Wissensdurst, unsere Wissbegierde genau zu definieren, damit wir uns nicht mit Unwichtigkeiten aufhalten, die uns keinen Nutzen bringen werden. Wir sollten klar definieren, was wir wissen wollen. Auch sollten wir festlegen, ob wir uns rein geistig oder auch körperlich auf Spielfelder begeben wollen. Wenn wir auf der Recherche sind, uns mit einem Themengebiet auseinandersetzen wollen, werden wir grundsätzlich auch Möglichkeiten finden, um Antworten zu erhalten. Im Grunde genommen können wir fast alles, was uns interessiert, genauer analysieren und Informationen bekommen.

Nehmen wir dazu ein Beispiel: Die TV-Medien, das Fernsehangebot. Wir können uns zwischen vielen verschiedenen Programmen entscheiden, können aktuell Wissenswertes erfahren, genauso wie wir uns in Traumwelten begeben können, um unser Herz durch die virtuelle Welt berühren zu lassen. Dabei sind uns wenige Grenzen gesetzt. Doch was wollen wir alles wissen? Die meisten lassen sich gerne berieseln, einfach um abzuschalten, die eigenen Gedanken auszuschalten.

Die Frage stellt sich dann nur: Tun wir das denn überhaupt, schalten wir denn tatsächlich ab, wenn wir dem Fernsehprogramm lauschen und gebannt in den Kasten schauen? Häufig nicht, in vielen kreisen motivierende Gedanken, um Themen die endlich aufgeräumt werden müssen.

Viele lassen sich aber auch von dem Film oder Reportagen fesseln, spüren in sich ausgelöste und gewaltige Emotionen, die als Resonanz spürbar bemerkbar machen. Es melden sich dann versteckte Gefühle in uns, die es zu verarbeiten und natürlich auch zu verdauen gilt. Viele können sich teilnahmslos Sendematerial einverleiben, ohne dass eine Resonanz hervorruft. Andere wiederum können die häufig enorm große Wissensflut nicht mal eben locker leicht als verlautbare Kost aufnehmen und an sich vorbeiziehen lassen, ohne dass es sie belasten würde

Die meisten stumpfen mit der Zeit innerlich ab, man könnte sagen, wir werden resistent. Je mehr wir innerlich abstumpfen, desto weniger Interesse werden wir daran haben, wirkliches Wissen aufzunehmen und das wiederum ist dann unser Problem. Ein Fernsehsüchtiger wird sich nicht davon abhalten lassen, das Fernsehen als seinen hauptsächlichen und fast alleinigen Kommunikationsfaktor zu betrachten. Derjenige lebt dann über das Programm, welches ihn unterhält, vereinsamt und bekommt diesen Prozess nicht wirklich mit. Diese Theorie können wir gut an der Vielzahl von Talkshows erkennen. Der Zuschauer hat das Gefühl bei der Show direkt anwesend zu sein und ein gutes Gespräch geführt zu haben. Doch der Schein trügt und immer mehr Menschen isolieren sich. Wenn wir wieder lernen wollen miteinander zu reden, dann sollten wir uns auch darum kümmern und auf andere, die es auch wollen, zugehen. Schon alleine ein nettes Lächeln wird viel dazu beitragen.

Je offener und geöffneter wir sind, desto interessanter werden wir unser Leben gestalten können. Es gibt so viel Wissenswertes und es ist für jeden Geschmack etwas dabei, also sollten wir uns auch darum kümmern, damit es uns gut geht. Jedes fruchtbare Gespräch kann uns wiederum Wissenswertes vermitteln, welches wir wertneutral aufnehmen können.

Wenn du das Bedürfnis hast zu reden, dann rede auch und warte nicht darauf, dass andere auf dich zukommen und Gespräche anfangen – mach du den ersten Schritt.

Alle Karo-Karten weisen uns auf das hohe Gut der Wissenschaft hin. Wir sollten uns grundsätzlich mit Wissen auseinander setzen, auch um klar erkennen zu können, wie wir uns von belastenden, emotional gesteuerten Verbindungen wieder lösen können.

Eine Faustregel besagt: Wenn ich seelische Probleme habe und nicht weiß, wie ich aus dem Sog der Gefühle heraus kommen kann, dann sollte ich aus den Gefühlen und gedanklich nüchtern, symbolisch gesehen, in den Kopf gehen. Jedoch sollte ich nicht grübeln, sondern mir irgendetwas aussuchen, was mir gedanklich Freude bereiten wird und automatisch wird es mir direkt wesentlich besser gehen.

17 Karo-Ass/die Meditation

Das tief innerlich gelagerte Selbstversprechen, die klare Aussage, der Fels in der Brandung

Karo-Ass zeigt die geistige Kommunikation an. All das, was wir erfahren wollen, bekommen wir durch andere, die die Erfahrung schon gemacht haben übertragen. Damit wir uns jedoch überhaupt mit Wissen anreichern können, müssen wir uns innerlich dafür öffnen. Wir bekommen somit grundsätzlich alle die Informationen präsentiert, die wir auch wirklich gebrauchen können, um unseren Wissensdurst zu stillen.

Sollten wir uns jedoch gegenüber wissenschaftlichen Dingen nicht öffnen wollen, dann lernen wir viel weniger. Wissen läuft uns nicht automatisch über den Weg. Nein, wenn wir etwas wissen wollen, müssen wir uns dafür geistig öffnen und vor allen Dingen lernbereit sein, ohne dem geht es nicht. Früher konnten Menschen viel weniger Erfahrungen sammeln als heutzutage. Sie waren extrem stark eigebunden mit Aufgaben. wie die Bewältigung ihrer alltäglichen Arbeiten, so dass sie zumeist nicht auf die Idee kamen, sich zusätzliches Wissen anzueignen. Man darf auch nicht vergessen, Wissen war für die Reichen ein Luxusartikel, der sie von der Masse abhob. Sie konnten sich den Luxus von Büchern und Lehrern leisten.

Drehen wir die Zeit ein wenig zurück und stellen uns ein mittelalterliches Dorf vor. Welches Wissen konnten sich die Menschen damals aneignen? Der Informationsaustausch war sehr begrenzt. All das, was man am eigenen Leibe erfahren hat und natürlich auch das, was die anderen im direkten Umfeld erlebten und auch alte Überlieferungen, war die Universität der kleinen Dorfgemeinschaften. Klar gab es auch Geschichten über die eine oder andere Erlebenssituation und natürlich wurde auch altes Handwerk überliefert. Somit konnten die Menschen, wenn sie wollten viel erfahren, nur musste ihnen dies auch bewusst sein. Die Menschen in der damaligen Zeit waren damit größtenteils zufrieden, immerhin kannten sie nichts anderes in dieser Zeit war der Informationsfluss sehr gering und heute? Heute können wir so viel Wissen erfahren, wie wir wollen, wir brauchen uns nur darum zu bemühen. Doch was passiert?

Menschen heutzutage lernen wesentlich mehr, angefangen über den Wissensvermittler Schule, bis hin zur ständig wachsenden Allgemeinbildung. Auch gerade Publikationen, wie Zeitungen oder der Medienbereich vermitteln weitere Wissensformate, die genutzt werden.

Trotzdem versperren viele den Blick für diese grandiose Möglichkeit, in dem sie sensationshungrig auf andere starren, um sich über deren Fehler köstlich zu amüsieren, ohne selbst zu merken, wie sie sich über sich selbst belustigen. Sie beschäftigen sich mit unwichtigen Dingen, anstatt ihr geistiges Potenzial sinnvoll und befriedigend zu nutzen. Viele Menschen behandelt sich selbst so und meinen trotzdem genug Wissen erlangt zu haben.

Das ist die eine Seite und die andere sind wiederum Menschen, die einen so großen Wissensdurst in sich tragen, dass sie fast alles dafür geben würden, um über ihre anvisierte Wissensebene mehr zu erfahren. Doch wer gibt uns diese Möglichkeiten und stillt unseren

Wissensdurst? Wie kommen wir an all das Wissen heran, was wir brauchen? Bücher, Gespräche, Medien – welcher Weg es ist, ist im Grunde genommen egal, letztlich stoßen wir, wenn wir innerlich dafür geöffnet sind, auf genau die Punkte, die wir brauchen, um das zu finden, wonach wir suchen. Wir öffnen uns innerlich und geben den Wissenswunsch an den Kosmos ab. Schon bekommen wir die passenden Impulse, die wir, wenn wir uns darauf trainiert haben. Unser inneres „Ich" liefert uns Impulse, die wir automatisch wahrnehmen werden. Und je mehr wir uns selbst glauben, desto einfacher werden wir dorthin gelangen, wo wir das finden, was wir suchen. Somit bekommen wir alle Informationen, die wir brauchen.

Es gibt jedoch auch den spirituell-kosmisch-gelenkten Weg, die sogenannten Astralreisen, über die wir noch ganz andere Erfahrungen machen können. Wenn wir schlafen, dann verlässt unsere Seele den Körper und begibt sich auf die Astralebene. Der Körper braucht diese Phase, damit er Ruhe finden kann. Wenn die Seele zeitweise den Körper nicht verlassen würde, könnte sich dieser nicht genug regenerieren. Das Resultat wäre, dass wir nicht sehr alt werden würden, da die Seele den Körper viel zu stark belasten und verbrauchen würde. Doch nicht nur der Körper, sondern auch die Seele braucht die tägliche Wandlungsphase. Sie setzt sich auf der Astralebene mit all dem auseinander, was sie erfahren und lernen will. Somit holen wir uns einen großen Teil unserer Wissens- und Lernerfahrungen auf der Astralebene.

Je mehr wissen du, die anzeigen kannst, desto einfacher wird dein Leben verlaufen. Woran du selbst erkennen kannst, dass du wissbegierig bist und Antworten erhältst, wirst du feststellen, in dem du ab und zu ein Aha-Erlebnis erfahren wirst. Auf einmal bist du in der Lage etwas zu tun, was du bewusst das erste Mal ausübst und trotzdem geht es dir, wie ein Profi von der Hand. Tief im Inneren weisst du, dass du diesen Bereich genau kennst, nur dein logisches Bewusstsein sagt dir, dass dies nicht sein kann. Zweifelst du immer noch an dich und deine inneren Fähigkeiten? Du hast dir dieses Wissen auf der Astralebene angeeignet, um es im Alltagsleben gezielt anzuwenden. Wenn du bewusste Lernerfahrungen erlangen willst, dann öffne dich für diese Bereiche und du wirst in der Tiefschlafphase all das wiederfinden, was du dir wünschst.

Wir kennen das alle: Du willst umziehen und suchst eine geeignete neue Wohnung. Du besichtigst eine, die dir gut gefällt, trotzdem kannst du dich noch nicht so recht entscheiden. Du willst eine Nacht darüber schlafen. Warum? Viele Menschen handeln so und wissen genau, wie sie sich am nächsten Morgen entscheiden werden. Doch woher weiß man das am nächsten Morgen? Ganz einfach, nachts, wenn du schläfst, verlässt die Seele, wie schon erwähnt, den Körper. In so einem Moment suchen wir beispielsweise die Wohnung. Wir schauen uns dann alles an und erkennen die Zusammenhänge. Wir spüren, ob die Wohnung dann zu uns passt oder nicht. Am nächsten Morgen, wenn wir wach werden, bringen wir dieses Wissen in unser bewusstes Leben hinein und schon ist die Angelegenheit geklärt. Viele reagieren so, du auch?

Kurzdefinition: Wenn die Karte Karo-Ass/die Meditation auftaucht, zeigt sie eindeutig, dass wir auf unsere innere Stimme hören müssen und dass wir eine wichtige Nachricht erhalten werden. Damit wir jedoch auf uns hören, sollten wir in uns gehen und die fein ausgesandten Signale unseres inneren Lichts, trotzt der äußeren lauten Kulisse, wahrnehmen und verstehen lernen. Somit deutet diese Karte auf innere Meditation und Harmonie hin. Also aufgepasst und hingehört: Die Lösung, die erlösende Nachricht kommt definitiv, wir müssen „nur“ hinhören.

18 Karo-König/der gute Freund

Der stabile Freund, der jugendliche Geliebte, der treue Hund, die Fröhlichkeit, Freude und Spaß am Leben

Der Karo-König ist wieder eine Personenkarte. Er ist männlich, aktiv, beweglich und jugendlich. Er liebt das leicht, lockere Leben, genauso wie alle schönen Dinge des Lebens. Er genießt den Augenblick, ohne an Übermorgen zu denken. Er ist wachsam und genussvoll. Er kümmert sich nur um seine augenblicklich wichtigen Angelegenheiten. Er plant niemals vor, er trägt niemals nach, er lebt im Jetzt, Hier und Heute. Er ist nicht sonderlich vorausschauend. Gerne übernehmen andere freiwillig für ihn die Verantwortung. Immerhin verhält er sich teils wie ein Jugendlicher, der noch zu wenig Lebenserfahrung hat, oder wie ein Kind, welches die herannahenden Gefahren noch nicht so richtig einzuschätzen weiß. Er will jugendlich bleiben.

Wir alle kennen die Zeit der Unbeschwertheit, das einfache lockere Leben - unsere Frühlingsgefühle, die uns treiben ließen, das zu tun, worauf wir einfach Lust hatten. Für jeden muss diese Zeit kommen, damit wir wissen, was es heißt, so zu leben. Doch irgendwann ändert sich diese Zeitphase auch wieder, wir werden älter, reifer und verantwortungsvoller. Man sollte diese Zeit nach Möglichkeit nicht länger leben, als sie von Natur aus geplant ist. Je bewusster wir uns leben und je verantwortungsvoller wir uns unserem Leben stellen, desto reifer werden wir unserem Lebensweg begegnen. Und wenn wir uns auf unsere innere Reife verlassen kann, dann können wir auch wieder leicht und locker lachen, bis sich die Balken biegen.

Doch gibt es jedoch viele Menschen, die sich persönlich gegenüber gewissen Lebensbereichen nicht verantwortlich fühlen wollen und somit versuchen, zwanghaft in der jugendlichen Rolle behaftet bleiben zu wollen. Wenn dies der Fall ist, werden andere zwangsläufig die Verantwortung für sie mit übernehmen.

Sollte es sich bei dem Karo-König im Legesystem um eine außenstehende Person handeln, ist er der Geliebte oder der Sohn (ab ca. dem 3. Lebensjahr), oder einfach nur ein guter Freund. Auf jeden Fall wirkt dieser Mensch jugendlich leicht. Grundsätzlich spiegelt diese Karte unseren männlich, leichten und jugendlichen Energieanteil in uns. Der gefühlvolle Stürmer, der vor lauter Energien oftmals nicht an sich halten kann.

Kurzdefinition: Diese Karte zeigt uns zwei Seiten: Auf der einen Seite fordert sie uns auf, unser Leben aktiv, leicht, locker und nicht schwer oder theatralisch zu meistern. Und auf der anderen Seite will sie auch, dass wir ein wenig überprüfen, ob wir verantwortungsvoll mit unserem Leben umgehen. Doch hauptsächlich weist sie auf die lockere, leichte Art, mit der wir die Sache/unser Leben angehen sollen.

19 Karo-Dame/die gute Freundin

Die junge Freundin, die lustige Lebensgefährtin, die lockere Kollegin

Die Karo-Dame ist die Geliebte, die fröhlich lustige Freundin, die Tochter. Sie weist uns auf die lockere und leichte Art des Lebens hin. Sie will, dass wir uns frei und leicht leben, so wie wir sind - ohne Dogmen, Normen, Rollen oder Prinzipien. Somit kann jeder, der sich klar erkennen kann, seine Karo-Dame ein Leben lang auf seiner Lebensbühne spielen lassen. Denn wir alle sollten nie die Leichtigkeit, die in uns ist, vergessen.

Sie weist uns somit immer wieder auf die Leichtigkeit des Lebens hin, damit wir diesen Part stets bewusst Gewichten, damit unser Alltag schöner ist. Wir können dann unser Leben noch lockerer und leichter gestalten.

Wie oft übernehmen wir Emotionen anderer, die uns dann selbst wiederum belasten. Würden wir uns nur mit unseren eigenen Problemen, unseren energetischen Belastungen auseinander setzen, wäre unser Leben viel leichter. Da wir jedoch viel zu viel von anderen übernehmen und unsere eigenen Themen zumeist liegen lassen oder versuchen anderen zu übergeben, erleben wir unser Leben oftmals als schwer, sodass wir kaum mehr das Gefühl haben, frei atmen zu können.

Die Karo-Dame würde viel öfter über die Dinge des Lebens lachen und sie bei weitem nicht so ernst nehmen. Je mehr wir uns in einer Rolle befinden, desto mehr lassen wir energetische Ansprüche anderer direkt auf uns übertragen. Wir leben dann oftmals das nach, was andere uns vorleben und was sie von uns erwarten. Wir müssen lernen, diesen Part zu wandeln. Die Karte weist uns genau daraufhin und will, dass wir uns selbst überprüfen, inwieweit wir Themen nachleben, die wir letztlich tief in unserem Herzen doch gar nicht leben wollen. Somit müssen wir uns damit auseinander setzen, damit wir erkennen können, in welchem einengenden Sog wir uns befinden. Je mehr wir jedoch darüber nachdenken, was andere über uns denken könnten, wenn wir uns so oder so verhalten, desto weniger Möglichkeiten der eigenen Meinungsvertretung haben wir. Deshalb ist es für uns so wichtig, genau auf diesen Punkt zu achten.

Kurzdefinition: Wenn die Karo-Dame auftaucht, will sie uns genau auf diesen Punkt hinweisen und egal, um welches Thema es sich handelt, sie will, dass wir uns leben und uns über unser äußerlich gelebtes Rollenverhalten bewusst werden.

Wenn wir diese Karte in Bezug auf eine Partnerschaft ziehen, bedeutet dies nichts anderes, als dass wir dieser Partnerschaft leicht und locker begegnen sollten. Wenn wir frisch verliebt sind, dann tun wir auch nichts anderes, als unser Leben zu genießen und darauf zu achten, dass die Partnerschaft umsorgend behütet und nicht belastet wird. Wir gestalten unser Leben so angenehm wie möglich. Somit sollten wir unsere Problemthemen aus einer Vogelperspektive betrachten lernen, damit wir die Einfachheit des Lebens stetig präsent vor unseren Augen erkennen können.

20 Karo-Bube/das Füllhorn

Das ausgeschüttete Glück, Goldmarie und Pechmarie, der Weg des Glücks

Der Karo-Bube ist der Glücksbote, also die positivste Karte im Spiel. Er zeigt uns eine Glücksphase an: Er bringt uns Glück. Doch was ist Glück? Glück ist ein Gefühl von Wärme, Geborgenheit und Sättigung. Wenn wir glücklich sind, dann fühlen wir uns dem göttlichen, inneren Licht absolut nahe. Alles ist vertraut, wir fühlen uns, wie in Mutters Schoß zurückversetzt, geborgen und sicher. Ein solches Glücksgefühl brauchen wir alle immer mal wieder, damit wir uns den tiefen Lerntälern, den Lernthemen des Lebens stellen können.

Wenn diese Karte auftaucht, zeigt sie uns, dass wir Glück erfahren werden. Doch wir können das geschenkte Glück auch wiederum nur annehmen, wenn wir innerlich auch dazu bereit sind. Solange wir uns mehr mit den Schattenseiten des Lebens beschäftigen, solange können wir uns wenig an unserem Leben erfreuen. Somit erinnert uns diese Karte auch an all das Schöne, was wir in unserem Leben haben. Je mehr wir unser Leben bejahend bewerten und stets darauf achten, dass uns Glückliches widerfährt, desto wertvoller werden wir unser Leben betrachten und erleben können. Wir sollten uns dieser Energie stellen.

Wenn wir uns das plastisch vorstellen, sieht das so aus, als würde Jupiter sein Füllhorn über uns ausschütten und jede Menge Glücksenergie auf uns herabfallen. Das heißt jedoch bei weitem noch nicht, dass der Empfänger dieser Sendung, die Energie auch immer unbedingt annimmt. Wenn wir tief im Inneren durch einen Glaubenssatz in uns geprägt wurden und davon überzeugt sind, dass uns nichts Gutes widerfahren kann, dann wird uns auch nichts Gutes widerfahren dürfen und somit würden wir bei einer solch positiven Ladung automatisch beiseite springen, damit sich unser inneres Selbstbildnis auch weiterhin erfüllen kann. Das Füllhorn würde in einem solchen Fall seine gesamte Ladung ins Leere schütten oder was noch häufiger passiert, dass ein anderer in unser Nähe diese Energie dankend aufnimmt. Dies merken wir dann zumeist daran, dass wir tief im Inneren das Gefühl haben, als hätte uns jemand etwas weggenommen, doch wir wissen real nicht, um was es sich dabei handeln könnte.

Kurzdefinition: Diese Karte verweist uns im Besonderen daraufhin, dass wir das Glück, was uns zusteht, also die Sendung, die für uns unterwegs ist, auch annehmen müssen. Wenn wir das tun, dann kann uns eine Zeitlang nichts mehr im Wege stehen, wir haben freie Bahn und die sollten wir auch sinnvoll nutzen. Also stellt sich die Frage doch nicht mehr, ob wir zukünftig solche Päckchen annehmen sollen oder? Die Antwort kann nur noch „Ja“ lauten. Immerhin wird uns unser Glück sonst irgendwann verlassen und das muss nicht sein.

21 Karo-Zehn/der Geldbaum

Die eigene Stabilität, die energetische Sicherheit, der goldene Funke

Diese Karte steht für das Thema Geld und die Haltung zu unserem Leben. Geld ist die feste materialisierte Form der Energie. Wir können anhand des Geldflusses genau erkennen, wie wir mit unseren eigenen Energien verfahren. Solange wir uns in bestimmten Rollenverhalten befinden und das tun, was andere von uns erwarten, solange können unsere Energien nicht nach unseren ureigensten Prinzipien fließen. Somit leben wir gegen uns und behindern unseren eigenen Energiefluss.

Wenn wir uns mit dem Thema Geld beschäftigen wollen, müssen wir uns fragen, was wir fühlen, wenn wir an Geld denken. Wenn wir beispielsweise ständig zu wenig Geld haben und auf äußere Abhilfe warten, würden wir die innere Meinung vertreten, dass wir andere bräuchten, damit wir überhaupt in der Lage sind, uns am Leben zu erhalten. Wir selbst fühlen uns dann zu unbeweglich aus eigener Kraft unser Leben zu bewältigen. Somit bräuchten wir Fremdenergien, ähnlich wie Kredite, damit wir unser Leben gestalten können. Doch genau das kann nicht sein. Jeder führt das Leben, dass nur er alleine schaffen kann. Keinem passiert etwas umsonst. All das, was uns betrifft, betrifft uns und hat somit auch nur mit uns selbst zu tun. Unser Geldfluss zeigt somit eindeutig unsere Haltung zum Leben an. Je mehr wir uns selbstständig fühlen, desto kraftvoller werden wir unser Leben gestalten. Es kann nie schaden, hin und wieder mal den Geld-/Energiefluss zu überprüfen, damit wir früh genug erkennen können, wie wir mit diesem wertvollen Thema umgehen.

Sollten wir dabei feststellen, dass wir zu hoch verschuldet sind, dann fühlen wir uns anderen gegenüber schuldig. Wir können jedoch keine inneren Schuldrechnungen mit Geld bezahlen, dafür müssen wir schon Energien einsetzen. Abgesehen davon, dass wir in einem solchen Fall eine äußere Lösung brauchen, um den geldlichen Schuldenberg abzubauen, müssen wir besonders darauf achten, was wir tun können, um uns von den inneren Schuldgefühlen zu befreien. Eine äußere Geldverstrickungen ist der Wegweiser für innere Energieverstrickungen und da das eine ohne das andere nicht geht, muss sich die innere Problematik den Weg nach Außen bahnen, damit uns diese Blockade überhaupt erst einmal bewusst wird.

Solltest du dich in einer solchen oder ähnlichen Konstellation befinden, auch wenn sich dies nur auf dein Gefühl beschränkt, dann räume bitte innerlich auf. Schuldgefühle haben in den meisten Fällen ihre Ursubstanz in der Kindheit und dort sollten wir uns auf die Suche machen. Gerne übernehmen wir Themen von den Eltern und lagern diese als unsere eigenen in uns ab, ohne direkt zu merken, was wir da eigentlich tun. Wenn wir unbewusst Schuldgefühle in uns tragen, werden sich andere Menschen über diese offene Schiene immer wieder andocken können. Andere können sich dann wie selbst verständlich an unserer Energie laben und uns aussaugen.

Immer dann, wenn du das Gefühl hast, jemandem etwas schuldig zu sein, dann gehe dem Gefühl nach und achte darauf, woher es kommt. Wenn uns jemand energetisch aussaugen kann, dann sind wir ihm fast hilflos ausgeliefert. Wir können uns von diesem Menschen nur befreien, wenn wir ihn von unserer verletzen Schiene herunter holen. Jeder Mensch, der sich an uns labt, kann uns Schaden zufügen, welcher im Extremfall an unsere eigenen Energiereserven herangeht.

Der Lebensbaum steht für unser Kraftzentrum, sollte sich jemand an ihm zu schaffen machen, wird uns das teuer zu stehen kommen. Gerade Emotionen bezüglich Geld werden uns wertvolle Hinweise auf äußere Energievampire geben. Somit ist es enorm wichtig, genau darauf zu achten.

Kurzdefinition: Die Karo-Zehn hinterfragt unsere Einstellung zu unserem Leben, zu unserem eigenen Energiehaushalt, zu unserer Haltung im Leben und zum Thema Geld. Wir sollten besonders darauf achten, dass alles im Fluss ist. Auf der einen Seite bekommen wir den Hinweis, unseren persönlichen Energiefluss zu überprüfen, auf der anderen Seite die Aufforderung, die Energien fließen zu lassen. Wir sollten öfters darüber nachdenken, unsere Probleme einfach mal an den Kosmos abzugeben und dann gelassen darauf zu warten, was passiert. Je mehr wir unsere Probleme anziehen, immer wieder inaktiv darüber grübeln, desto größer werden sie und das hat noch keinem geholfen.

22 Karo-Neun/das Geschenk

Das Paket, die Neugierde, die Überraschung, die Freude am Leben

Die Karo-Neun steht für ein Geschenk. Wir bekommen etwas geschenkt, was für uns wichtig ist. Doch wir müssen das Geschenk auch erkennen können und genau darin liegt die eigentliche Aufgabe. Oftmals können wir Geschenke, die wir im Leben erhalten, nicht direkt als solche anerkennen, deshalb sollten wir bewusst darauf achten, was und warum wir etwas übergeben bekommen.

Doch was ist ein Geschenk? Ein Geschenk ist eine Gabe, die wir erhalten, um uns einen Vorteil zu gewähren. Wir können ein individuelles Geschenk durch Personen oder einfach nur durch bestimmte Lebenssituationen überreicht bekommen. Auf jeden Fall sollen wir es erhalten, sonst hätten wir es nicht bekommen. Doch wie oft erkennen wir ein Geschenk nicht direkt als solches an, da wir die damit verbundene Situation anders als schön empfinden. Deshalb ist es wichtig zu wissen: Nicht jede Lebenssituation lässt sich direkt als Geschenk erkennen, doch im Nachhinein werden wir es genauer wissen.

Alle Situationen, die wir erleben, aus denen wir lernen können, stellen sich aus dieser Perspektive betrachtet, als Geschenk dar. Alles was wir erleben um Lernerkenntnisse zu sammeln, brauchen wir, damit wir unsere inneren Gefängnismauern öffnen und uns selbst befreien. Oftmals wissen wir gar nicht welche Schattenanteile sich in uns befinden, mit denen wir uns zwar tagtäglich auseinander setzen, die uns jedoch nicht bewusst sind. Wenn wir beispielsweise den Glaubenssatz in uns tragen, dass wir das „Schwarze Schaf" der Familie sind, dann sind wir, mindestens eine Struktur, ein Teil in uns, auch davon überzeugt und wir werden alles tun, um dieser Überzeugung zu folgen. Das heißt, diese Struktur wird alles dafür tun, damit sie ihren Auftrag erfüllen kann und somit werden wir immer wieder mit Themen konfrontiert, die uns zeigen, dass wir mit unserer Einstellung recht haben.

Doch in den meisten Fällen wissen wir nicht genau, was sich alles in uns verbirgt und wie wir mit uns selbst energetisch umgehen. Deswegen brauchen wir immer wieder Situationen, in denen wir uns solcher Strukturen bewusst werden, damit wir sie wandeln können. Jede Situation oder Person, die uns auf den „rechten" transparenten Weg verhilft, ist ein Geschenk für uns. Genau das will die Karte Karo-Neun uns anzeigen, dass der Weg, auf dem wir uns zur Zeit befinden, der ist, den wir uns unbewusst gewählt haben, damit wir störende Strukturen in uns erkennen, wandeln und ins Positive richten können.

Sollten wir uns durch einen Erkenntnisgewinn, sogenanntes Geschenk, eine lehrreiche Begebenheiten gestört fühlen, dann kann es sein, dass wir das Thema oder die Person im Außen bekämpfen, um im Inneren angeblich wieder zur Ruhe zu kommen, doch genau das ist der falsche Weg. Wir müssen lernen, die Situation zu nutzen, damit wir überhaupt unsere Erfahrungen machen können.

Kurzdefinition: Wenn diese Karte auftaucht, will sie uns mitteilen, dass es sich bei der aktuellen Begebenheit um ein Geschenk handelt, was auch als solches betrachtet werden sollte. Das heißt, dass wir nicht die Situation bekämpfen sollen, sondern annehmen müssen, damit wir aus den wertvollen Information lernen können, das ist der Weg.

23 Karo-Acht/der kleine Erfolg

Der zufriedene Ausgang, die kleine Gewinnkurve, der geringe, jedoch zufriedenstellende Erfolg

Diese Karte steht für den kleinen Erfolg. Alles was wir erleben, können wir erfolgreich zum Abschluss bringen. Dieser durch die Karte angezeigte Erfolg, wird nicht sonderlich groß, sondern eher mäßig klein sein. Doch es handelt sich hierbei eindeutig um einen Erfolg, den wir brauchen und auch einen Weg, den wir gehen sollten.

Oftmals wollen wir uns für einen bestimmten Weg entscheiden, wissen im voraus jedoch nicht, ob sich der zu investierende Aufwand wirklich lohnen wird. Wenn diese Karte auf eine gestellte Frage auftaucht, zeigt sie eindeutig an, dass dieser Weg auf jeden Fall erfolgreich ist und auch sein wird. Jedoch nicht übermäßig gravierend erfolgreich, wie wir uns dies manchmal wünschen würden, sondern eher gering. Der Erfolg hält sich in Grenzen. Das wiederum kann für uns unterschiedliche Folgen haben, immerhin steht das Thema Erfolg mit dem inneren Energieeinsatz im Verbund. Das heißt, je mehr wir von unseren eigenen Energien investieren, desto mehr können wir mit einem Erfolg rechnen. Nicht alles was wir selbst toll finden, wird denselben Anklang in der Käuferschicht finden. Wenn wir also mit zu hohen Erwartungen an eine Sache herangehen, dann werden wir mit Sicherheit eine Enttäuschung erfahren. Wenn das wiederum der Fall sein sollte, dann stellt sich die Frage: Was wollte ich mit dieser Sache kompensieren? Wenn wir beispielsweise meinen, dass ein äußerer

Erfolg, endlich das innere Selbstbild aufwerten würde, können wir jetzt schon davon ausgehen, dass dies nicht funktionieren kann. Wir können nur das erleben, was wir erleben wollen.

Erfolg kann sich nur einstellen, wenn es auch so sein sollte. Wenn wir einen tatsächlich energetischen Aufwand, der erforderlich ist, gezielt einsetzen und nicht irgendein inneres Manko mit einem äußeren Erfolg kompensieren wollen, dann werden wir erfolgreich sein. Sollten alle diese Faktoren im Gleichklang sein, dann werden wir automatisch Erfolg haben, denn wir werden alles dafür tun. Somit kann auf diesem Weg nichts mehr „schief" gehen.

Kurzdefinition: Wenn diese Karte auftaucht, dann zeigt sie uns an, dass unsere Vorhaben bedingt erfolgreich sind und auch sein werden. Der Weg lohnt sich, wird jedoch nicht übermäßig honoriert werden. Wir können noch einmal in Ruhe darüber nachdenken, ob wir diesen Energieeinsatz auch wirklich haben wollen. Manche Themen lösen sich in einem solchen Fall von alleine auf. Vor allen Dingen dann, wenn wir erkennen sollten, dass sich hinter dem Vorhaben nur eine innerlich geankert und verletzte Struktur verstecken wollte, dann können wir uns den Arbeitsaufwand sparen.

24 Karo-Sieben/der große Sieg

Der Gewinn im Absoluten, der totale Erfolg, Sieg über alle Grenzen

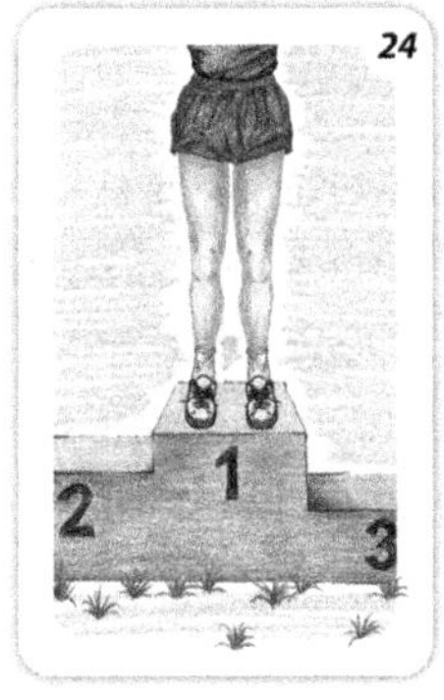

Die Karo-Sieben steht für den großen Erfolg. Unser Vorhaben hat die beste Aussicht auf Erfolg. Wir können uns mit dem kommenden Ergebnis absolut zufrieden geben. Alles wird zur vollkommensten Zufriedenheit ausfallen. Wir werden zumeist mehr Erfolg haben, als wir dies zum jetzigen Zeitpunkt absehen können. All das, was wir einsetzen wird doppelt wieder auf uns zurückkommen. Und somit werden wir Erfolge feiern, die wir uns vorher in unseren kühnsten Träumen nicht vorzustellen vermochten.

Natürlich beinhaltet auch diese Karte ein Lernthema: Sie fordert uns auf, diesen Erfolg gebührend zu feiern. Viele Menschen, die wirklich erfolgreich sind, tun sich schwer damit ihre Erfolge zu feiern. Für sie ist all das, was sie geschaffen haben, so normal und selbstverständlich, dass sie sich nicht vorstellen können, dass es einmal anders werden könnte. Automatisch erwarten sie diesen hohen Einsatz von sich selbst und betrachten dies nicht als etwas Besonderes. Für sie ist der Erfolg Normalität und braucht nicht gebührend gefeiert zu werden. Doch genau das ist der Fehler, wenn wir uns über unsere hervorragenden Qualitäten und jeder hat diese, nicht bewusst sind, dann können wir sie zu wenig leben.

Jeder Mensch ist auf bestimmten Gebieten besonders geschickt und auch erfolgreich. Genau diese Stärken sollten wir bewusst trainieren, damit wir einen wirklichen Lebenserfolg verbuchen können. Einige Menschen tragen eine stetige Unzufriedenheit in sich, da sie meinen das Leben zieht an ihnen vorbei, ohne dass sie etwas Besonderes geschaffen haben. Jeder von uns träumt davon etwas Außergewöhnliches zu tun und auch zu sein. Wir alle sind etwas Besonderes, wir müssen uns dessen nur bewusst werden und uns erlauben, das was in uns steckt, auch zu leben.

Je mehr wir uns bewusst leben, desto zufriedener werden wir sein. Somit müssen wir hin und wieder auf dieses Thema aufmerksam gemacht werden, damit wir es nicht vergessen. Denk bitte auch daran, dass Erfolg nicht unbedingt äußerlich sichtbar sein muss. Ein Mensch, der sich seines Lebens erfreut und glücklich ist, der ist ein erfolgreicher Lebenskünstler.

Kurzdefinition: Wenn diese Karte auftaucht, zeigt sie uns den heutigen und zukünftigen Erfolg unserer durchgeführten, sowie geplanten Projekte an. Sie gibt uns die Sicherheit, dass unsere Projekte funktionieren werden. Gleichzeitig weist sie uns daraufhin, dass wir noch einmal überdenken sollten, ob wir auch wirklich unsere Talente leben. Wir sollten dabei nie vergessen, dass Menschen, die ihre Talente leben, immer eine große Gesamtbeliebtheit haben. Wir bewundern unsere Promis für ihr Dasein. Und was ist mit unserem inneren Promi, wo darf der sich leben? Wir alle sind wunderbar und etwas Besonderes, jeder auf seine Art und Weise. Denk mal darüber nach!

Die Kreuz-Karten

Die Kreuz-Karten stehen für unsere tiefen inneren Aufgaben. Das bedeutet auch für unsere karmischen Aufräumarbeiten - die Altlasten, die endlich abgebaut werden wollen. Kreuz empfinden wir im wahren Leben als unangenehm zu ertragenes Leid. Man hat das Gefühl von einem Fettnäpfchen ins andere zu tapsen. So ist es dann zumeist auch. Wenn Kreuz am Werk ist, dann nützen uns keine Partys, keine Freunde oder sonstigen schönen Dinge des Lebens, dann ist Trauer und tiefe Aufarbeitung angesagt. Dann dient jede innere wie äußere Isolation rein dazu, die eigentlichen Lernthemen erkennen zu können.

Wir alle tragen karmische Verstrickungen – also Lernthemen aus früheren Leben – in uns. Einen Teil dessen gilt es in diesem Leben zu lösen. Mit jeder karmischen Verletzung sind wir energetisch an irgendeine Sache gebunden und die gilt es zu erkennen und aufzulösen. Damit wir uns jedoch überhaupt daran erinnern können, werden wir sehr intensiv auf die Lernthemen gestoßen.

Die meisten Menschen sind freiwillig nicht unbedingt dazu bereit, sich den Lernthemen des Lebens zu stellen. Damit wir alle jedoch eine Chance haben aufzuräumen, bekommen wir dementsprechend äußere Themen auf den alltäglichen Tisch gelegt. Über das Beschäftigen der äußeren Problematik finden wir zu unserem inneren Weg. Hätten wir diese Spielebene nicht, würden wir uns viel zu wenig mit unseren Schattenseiten beschäftigen. Je mehr uns dies klar ist, desto besser können wir mit so genannten Schicksalsschlägen umgehen, die letztlich nur dazu da sind, damit wir uns wahrhaftig erkennen können. Doch bevor wir wirklich tief getroffen werden, baut sich der Weg meist etwas langsamer und einfacher auf. Anfangs bekommen wir sehr zaghafte Hinweise, die erst bei Nichtbeachtung heftiger werden. Je weniger wir in uns freiwillig hineinhorchen wollen, desto mehr werden unsere Blicke bewusst auf das Aufgabengebiet gelenkt. Damit wir überhaupt erkennen können; das ist unsere Aufgabe. Je freiwilliger wir uns den Lernthemen stellen, desto einfacher werden wir unser Leben erleben. Doch wenn nicht, dann werden uns unsere alten Themen einholen und irgendeine Person oder ein Hilfsmittel wird zum Zwecke der Erinnerung dienlich sein.

Du kannst jetzt schon davon ausgehen, dass es sich, solltest du mit Themen konfrontiert werden, die absolut dominant auf dich zukommen, um das Erkennen einer karmischen Aufgabe handeln wird. Du wirst die äußeren Probleme erst abstellen können, wenn du nach Innen schaust und erkennst, um was für ein Thema es sich handelt. Wenn du das dahinter liegende Thema erkannt hast, löst es sich teilweise schon alleine durch das Erkennen der Problematik. Danach solltest du täglich daran arbeiten, damit sich die festgesetzten Energien in dir wieder lösen können. Wenn du willst, dann arbeite mit kosmischer Lichtenergie und löse dich von den Altlasten.

Die Kreuz-Karten zeigen uns somit an, dass wir uns mit karmischen Lernaufgaben auseinander setzen müssen. Wir kommen nicht drum herum, uns mit diesen Themen zu beschäftigen, um die damit verbundenen Energien wieder zu lösen. Wut auf andere zu haben, die einen an die inneren Themen heranführen, ist der absolut falsche Weg. Die Spiegelhalter der Problemthemen könnte man höchstens als Karmaträger bezeichnen, die einem helfen, auf sich selbst zu blicken. Das ist der Lösungsweg, für ein tiefes, einfaches und freies Leben.

25 Kreuz-Ass/die Trauerweide

Das Karma schlägt zu, die Angst vor dem Ungewissen, der karmische Gerichtsvollzieher kommt

Das Kreuz-Ass symbolisiert ein drohendes Unheil, welches auf uns zukommen wird und uns als Vorahnung erschaudern lässt. Oftmals begegnen wir unangenehmen Situationen in unserem Leben, denen wir uns stellen müssen. Doch zumeist wollen wir diese „ungebetenen Gäste“ nicht in unserem Haus/in unserer Nähe haben. Nichtsdestotrotz werden wir sie hereinbitten und anhören müssen, damit wir unser dahinter liegendes Problemthema erkennen und verstehen lernen.

Wir alle wissen genau, was passiert, wenn wir nicht freiwillig bereit sind zuzuhören, dann transportieren sich die Problemenergien im Außen und wir bekommen einen Dämpfer erteilt.

So könnte es sein, dass wir unser geliebtes Auto verlieren müssen, damit wir endlich auf unsere innere Stimme hören. Immer dann, wenn wir uns ablenken, wenn wir „Schlaftabletten“ nehmen, damit wir unserer inneren Stimme nicht zuhören müssen, brauchen wir etwas härtere Maßnahmen, damit wir hinsehen. Dann kann es sehr wohl sein, dass wir das, was uns wichtig und wertvoll ist, verlieren müssen, damit wir wieder auf uns Acht geben. Das wäre dann die hinter dem Verlust liegende Aufgabe.

Schicksalhafte Ereignisse können wir somit auf unser nicht beachtetes Erfahrungskonto verbuchen. Es beinhaltet alle Erlebnisse und Lernaspekte, die für uns unangenehm waren und uns weh getan haben. Schicksalhafte Begegnungen sind dienlich und hilfreich und lassen uns aus der nicht lernwilligen Komfortzone erheben.

Wenn wir meinen, nicht hinhören zu wollen, dann werden wir Opfer bringen müssen, damit wir über die Trauer und den Verlust erfahren, welche schmerzvollen Emotionen in uns sind. Immer dann, wenn wir wieder auf unsere Beine fallen, wenn wir an den tiefsitzenden Schmerz in uns gelangen, dann hören wir zu. Dann sind wir lernwillig und erfahren alles, was wir erfahren sollen.

Somit sollten wir freiwillig auf unsere innere Stimme hören und das annehmen, was wir Wichtiges vernommen haben. Erst wenn wir die Bereitschaft dazu haben, können wir uns mit all dem, was wir wieder gerne leben möchten, also den schönen Seiten des Lebens, genussvoll beschäftigen.

Sollten wir jedoch unter keinen Umständen bereit sein, auf uns zu hören, dann kommen unsere tief verwurzelten Probleme stetig nach vorne, bestimmen unsere Lebensbühne und verdunkeln unser strahlendes Licht.

Man könnte diesen Zustand auch in andere Worte kleiden: Es bedeutet nichts anderes, als dass wir eine kurzweilige Depression haben, die für ein paar Stunden aufkommt und dann auch wieder geht. Doch mit der Zeit der Ignoranz wird sie immer heftiger und intensiver. Sie nimmt uns einfach alles das weg, was uns wichtig ist. Wir stehen dann nackt und entblößt vor uns selbst und müssen uns unserem inneren Licht stellen. Ein wichtiger Trost: Wenn wir uns dann endlich mit uns selbst beschäftigen, ist der Spuk auch schnell vorbei. Die verdunkelte und schwere Art des emotionalen Zustandes, ähnlich einer „Depression“, löst sich in Wohlgefallen auf. Die Angst vor dem eigentlichen Problem ist zumeist viel größer, als die Handlung, also das Durchgehen und Auflösen der Problematik an sich. Also nur Mut!

Kurzdefinition: Wenn Kreuz-Ass auftaucht, können wir erkennen, dass es sich bei den anstehenden Themenpunkten um tiefere, zumeist sogar Karmathemen handeln muss. Wir sollten immer, wenn diese Karte auftaucht bedacht und behutsam an die Sache herangehen. Nun ist gezieltes Aufräumen angesagt. Sollten wir uns den anstehenden Themen jedoch bewusst nicht stellen wollen, wird unsere karmische Strömung so einiges in unserem Leben durcheinander wirbeln, damit wir bereit sind, uns von Altlasten zu befreien. Der Kniefall vor dem eigenen inneren, dem göttlichen Licht und dem Lebensweg, den wir sowieso nur in Teilen bewusst beeinflussen können, wäre das ideale Sinnbild, welches sich hinter dieser Information verbirgt.

26 Kreuz-König/der Vampir

Der falsche Freund, der Verräter, der Missbraucher

Der Kreuz-König steht wieder für eine männliche Person. Es handelt sich hierbei jedoch eher um eine unangenehme Persönlichkeit, die sich uns dominant in den Weg stellt. Die Begegnung mit dieser Person ist für uns unangenehm, da wir durch sie mit Themen konfrontiert werden, die wir nicht wahrhaben wollen.

Wie läuft eine solche Konfrontation ab: Immer dann, wenn zwei Personen extrem strittig unterschiedliche Meinungen vertreten, dann tritt eine disharmonische Spannungsebene in Kraft, die entsprechend auf die Beziehung einwirken wird.

Fazit: Sollte eine außenstehende Person eine andere Meinung vertreten als ich selbst, wird mir dies ziemlich egal sein, es sei denn, diese Person und deren Meinung ist für mich wichtig und ein Teil in mir vertritt die gleiche Meinung. In so einem Fall habe ich keine andere Wahl und muss mich mit meiner inneren Meinung auseinandersetzen. Je mehr mein Gegenüber seine Meinung vehement vertritt, desto mehr kann ich davon, dass ein Teil in mir ihn symbolisch gesehen aufgefordert und unterstützt. Dies hat dann zur Folge, dass ich mich selbst, somit auch andere Teile in mir, verunsichert fühle.

Wer kann gut damit umgehen, wenn er innerlich unsicher ist? Kaum einer, deshalb werden wir solange nachdenken, bis wir eine neue Lösungsmöglichkeit gefunden haben. Damit wir nicht nachlässig werden und uns der inneren Meinungsverschiedenheit stellen, brauchen wir einen anderen, eine außenstehende Person, die uns belastend auffällt und wie ein Fels in der Brandung seine eigene Meinung vertritt und von uns automatisch erwartet, dass wir ihn und seine Meinung anerkennen. Er ist der „König des Karmas" und sucht die wunden Punkte seines Gegenübers, um ihm seine Verletzungen aufzuzeigen. Um mehr geht es hierbei nicht.

Wir alle tragen verletzte Themen ins uns, die wir noch bearbeiten müssen. Gerade der Kreuz-König, eine außenstehende, männliche Person hat seinen Blick auf unsere Verletzungen gerichtet, um sich an ihnen zu laben. Welchen Vorteil er davon hat? Solange er die Verletzungen und Verfehlungen der anderen vor Augen hat, braucht er auf seine eigenen nicht zu schauen. Dadurch lenkt er von sich selbst ab.

Doch auch seine Themen drücken und somit wird er immer häufiger den Blick auf andere richten, um diese wutentbrannt anzuschnauzen, da er sich durch sie, beziehungsweise durch seine eigenen Verfehlungen belastet fühlt. Er will, dass die anderen, das hochhaltende Spiegelbild, also ihn loslassen, in der Hoffnung endlich den lang ersehnten inneren Frieden finden zu können. Doch so einfach ist das nicht, keiner kann für andere Probleme lösen und Hinkelsteine von deren Lebensweg wegräumen.

Obwohl wir alle wissen, dass nur wir selbst uns helfen können, bleiben die Forderungshaltungen gegenüber anderen oftmals bestehen. So gibt es viele Menschen, die sich energetisch über Jahre, symbolisch gesehen, über andere ausleben, sich über diese Personen immer wieder ärgern und aufregen, damit sie sich nicht über sich selbst ärgern müssen. Die anderen stellen sich als Prellbock zur Verfügung. Doch im Grunde genommen, machen beide genau dasselbe, sie schauen auf den anderen, um nicht auf sich selbst schauen zu müssen.

Um dieses Muster noch transparenter aufzuzeigen, erkläre ich dies hier noch einmal genauer: Immer dann, wenn ich mich über einen anderen ärgere, dann ärgere ich mich über mich selbst. Die gefühlte Wut ist in mir Zuhause und befindet sich in mir. Ich bin wütend über mich selbst. Der andere ist höchstens ein Spiegelbild, welches mir solche Emotionen entlocken kann. Somit stehen sich zwei Komponenten gegenüber, die beide im Grunde genommen dasselbe wollen: Innerlich aufräumen! Immerhin wollen beide ihren Seelenfrieden wiederfinden und das können sie nur, wenn sie sich innerlich darüber klar geworden sind, was für energetische Ansprüche sich in ihnen befinden.

Ein Kreuz-König ist jedoch keine Person, die mal eben nett die Themen des anderen spiegelt. Nein, er kompensiert über andere und erwartet, dass diese sich ihm gegenüber öffnen. Somit versucht er seine eigenen Verfehlungen bei dem anderen zu parken. Dies deutet sehr stark auf eine Täter-Opfer-Rolle hin und genauso ist es auch. Der Kreuz-König will absolut nicht sehen, dass sich die Themen in seinem Inneren befinden und somit sucht er äußere Begebenheiten, um seine innere Unruhe auf andere ablegen und Übertagen zu können. Hierbei handelt es sich dann symbolisch gesehen um ein Kuckucksei, dass er bewusst in das falsche Nest gelegt hat. Er will, dass die andere, von ihm auserwählte Person sein Ei mit ausbrütet, damit er sich darum nicht mehr kümmern muss. In seiner Position, der Verteilung von Aufgaben, ist er ein wahrer Künstler und er wird alles daran setzen, dass keiner etwas merkt und seine Vorhaben durchblickt. Seine Überredungskünste, bringen andere in Unsicherheit, was ihm wiederum die Sicherheit gewährt, sodass keiner sich traut das fremde Ei aus dem Nest zu werfen. Somit übt der Kreuz-König auf andere Druck aus, damit sich keiner seinen Klauen entziehen kann.

Die Beschreibung, die ich für ihn wähle, mag für dich nicht ganz einfach verständlich sein, doch der Kreuz-König ist so, er wählt absichtlich solche Möglichkeiten aus. Es gibt genug Energie-Vampire, die alles daran setzen, um sich über ein Opfer, das sie aussaugen können, zu laben und zu bereichern. Auch ein Herz-König kann sich im Laufe der Zeit zum Kreuz-König entwickeln, deshalb ist es besonders wichtig, auf energetische Übertragungen zu achten. Sollte dies der Fall sein, wird der einstige Herzpartner alles tun, um dem anderen zu schaden. Er wird ihn quälen, schwächen und aussaugen, sich sein Opfer gefügig machen. Je mehr das Opfer versuchen wird, sich selbst aufzurichten, um in der eigenen Energie zu bleiben, desto mehr wird er sein auserwähltes und selbsternanntes Opfer in die verbreitete Opferrolle pressen. Solange das Opfer diese Rolle nicht verlässt, solange funktioniert das System.

Den meisten Opfern wird dieser Mechanismus, obwohl für andere offensichtlich, selbst lange Zeit nicht bewusst sein, da der Herz-König dem Opfer immer unterstellen wird, dass es sich rein um die eigenen Verfehlungen, also die Fehlhandlungen des Partners handelt und dass die „Strafe“ somit gerechtfertigt ist. Außerdem wird der Täter, der Kreuz-König, zwischenzeitlich immer wieder sehr lieb sein. Typisch für solche Menschen ist eine sanfte, aufgesetzte Art, die bei weitem nicht echt ist, denn dann, wenn es wieder an der Zeit ist, werden sie unsanft, radikal und egoistisch „zustechen.“

Man kann mit einem Kreuz-König in einer solch negativ belastenden Abhängigkeitsverbindung nicht dauerhaft verweilen. Für unseren Lebensweg sind diese Menschen jedoch zumeist besonders wichtig, damit wir die eigenen inneren Wahrheiten erkennen können. Man kann ihnen dankbar sein, wenn man ihnen begegnet und sein Thema erkannt hat - doch dann ist es an der Zeit Adieu zu sagen.

Kurzdefinition: Die Karte Kreuz-König zeigt uns an, dass wir mit diesem Menschen innerlich und auch äußerlich konfrontiert werden. Natürlich ist der äußere Tyrann in uns innerlich zu finden. Auch wenn er im Außen brüllt und tobt, so gibt es doch in unserem Inneren einen Energieanteil, der andere Teile in uns ähnlich behandelt. Die Täter-Opferthematik ist in uns selbst Zuhause. Ein Missbrauch findet immer innen wie außen statt und den gilt es aufzudecken. Haben wir unseren inneren Vampir gefunden, können wir uns von dem äußeren lösen. Das ist der Weg, um in unseren tiefen inneren Verließen die Wahrheit zu finden.

27 Kreuz-Dame/die Spinne

Die Festhaltende, die Klammernde, kaum noch Luft zum Atmen

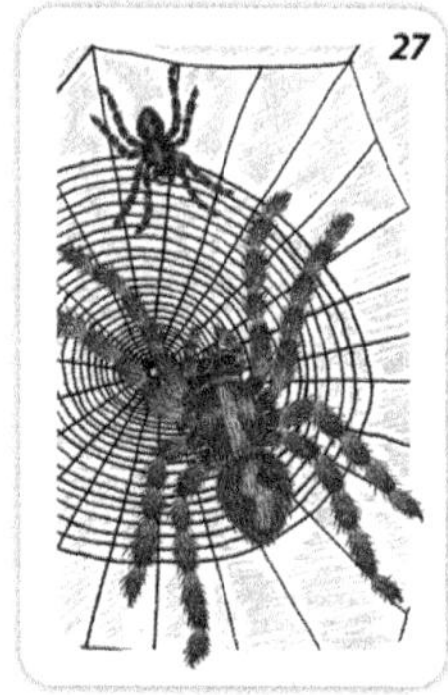

Die Kreuz-Dame ist dem Kreuz-König sehr ähnlich, auch hierbei handelt es wieder um eine Person, die sehr intrigenhaft ist. Sie umspinnt ihr Opfer, um sich dann an den Energien/dem Blut der Opfer zu laben. Sie saugt ihre Opfer förmlich aus. Dabei benutzt sie sehr sanfte Mechanismen, um sich das Opfer gefügig zu machen. Sie betäubt es förmlich, indem sie versucht mit ihrer sanften Art von ihren Absichten abzulenken. Wenn man über sie nachdenkt, kann man sich nicht vorstellen, dass sie zu so etwas fähig ist. Sie wirkt anfangs freundlich und sanft, hilfsbereit und lieb. Doch dann spürt man sie immer mehr und mehr, wie sie ihre Hauen in den Hals setzt und sich festbeißt. Man spürt den Biss und gleichzeitig auch den Verlust von eigenen Energien. Sie beißt sich fest und das Opfer muss immer mehr und mehr an diese Person/die Spinne denken. Sie versucht förmlich Besitz von ihrem Opfer zu nehmen, es zu vereinnahmen, das Opfer kann sich dem kaum noch erwehren. Deshalb ist es so wichtig darauf zu achten. Doch was tut man, wenn man einem solchen Energieräuber verfallen ist? Man muss sich unter allen Umständen mit eigener Kraft wieder lösen - das ist die Aufgabe.

Ein Energie-Vampir kann sich selbst nicht nähren und sucht deshalb andere, die ihn mit ernähren: Tief im Inneren meint er das Recht dazu zu haben. Immerhin schaut der Energievampir neidisch auf all die Menschen, die satt und glücklich ihr Leben genießen und genau das will er auch haben, nur unternimmt er dafür aktiv viel zu wenig in seinem Leben. Doch das wiederum will er nicht wahrhaben und damit er sich nicht mit sich selbst und mit seinem „ungelebten“ starren Leben –tief im Inneren fühlt er sich fast tot – auseinander setzen muss, sucht er sich einen lebensfrohen Menschen, den er sich gefügig machen kann. Mit diesem wird sich der Energie-Vampir energetisch immer mehr und mehr verbinden, bis er das Gefühl hat, dem anderen immer näher und ähnlicher zu sein. Natürlich wird der andere – das Opfer – sich wehren und wird sich stetig versuchen aus der Verbindung zu lösen. Dies wird in Teilen auch gelingen, immerhin können wir uns jederzeit aus einer Verbindung wieder lösen, wir müssen es nur bewusst wollen. Doch der Kreuz-Dame wird dies gar nicht gefallen und so wird sie alles dafür tun, um das Opfer wieder in die gewohnte Bahn zu setzen. Beste Taktik dafür ist ein „schlechtes Gewissen“. Damit wir uns selbst überprüfen können, ob wir einem Energie-Vampir aufgesessen sind, reicht es vollkommen aus, wenn wir einmal intensiv darüber nachdenken, welche äußere Person in uns ein schlechtes Gewissen hervorrufen kann. Die Energien/Informationen selbst fließen absolut transparent und sind somit nicht direkt erkennbar. Man spürt sie jedoch sehr genau. Wenn man in sich hinein fühlt, bekommt das Gefühl, als wollte ein anderer/die Kreuz-Dame von einem Besitz nehmen, als würde man einkassiert werden. Immer dann, wenn sich solche Gefühle melden, heißt es, besonders wachsam zu sein.

Doch warum passiert uns das? Der Grund dafür liegt wieder tief in unserer Seele begraben. Natürlich sprechen wir auch in einem solchen Fall von Schattenanteilen, die sich uns wieder problematisch in den Weg stellen. Es sind unsere inneren ungeliebten Kinder, die sich melden und weinen. Sie wollen an die Mutterbrust genommen und genährt werden. Je weniger wir diese Seelenanteile lieben, desto mehr werden sie sich mit anderen und zwar mit unseren

Lieblingsanteilen verbinden, damit wir sie mit nähren. Jedoch werden wir sie nicht unbedingt bewusst wahrnehmen, im Gegenteil, solange sie sich verstecken spüren wir ihre Existenz kaum. Ähnlich wie ein Kind, dass sich angepasst so verhält, wie es, seiner Meinung nach, die Eltern haben wollen. Das Kind weiß dann genau, dass es gegen sein Urnaturell, also gegen sich selbst lebt und somit anders ist, als es tief im Inneren sein möchte. Doch es passt sich trotzdem an, damit es geliebt und gemocht wird. Genauso müssen wir uns das in uns vorstellen. Wir haben Energien/Eigenschaften in uns, die wir selbst nicht mögen, trotzdem wollen diese Teile gemocht und geliebt werden und damit dies passieren kann, versuchen sie andere Anteile/Eigenschaften, die uns lieber sind, nachzuahmen und das wiederum klappt am Besten, wenn man sich mit diesen Teilen absolut verbindet. Je mehr man dem anderen ähnlich wird, desto einfacher ist die Kopie. Somit spinnt das Täterteil über das Opfer ein Netz, damit es das Opfer einfangen kann, um sich dann den gewohnten Platz des Opfers einzuverleiben. Es will nichts anderes, als den beliebten Platz des anderen einzunehmen. Mit der Zeit wird der Teil immer sicherer sein, dass ihm dieser Platz auch zusteht. Sollte dann das andere Anteil Ansprüche stellen, wird das Täterteil dieses als ungerecht zurückweisen, immerhin steht ihm dieser Platz doch nach altem „Gewohnheitsrecht" zu oder?

Genauso ist das mit der Kreuz-Dame. Wenn sie auftaucht, dann zeigt sie eindeutig an, dass wir uns kümmern müssen und zwar um unsere inneren Schattenanteile, die anderen in uns lebenden Teile vereinnahmen wollen. Wenn wir diesen Schattenanteil dann ausfindig gemacht haben, müssen wir es bearbeiten und in unser reales Leben integrieren. All das, was wir in uns tragen, das gehört zu uns und braucht somit seinen geordneten Platz. Oftmals haben wir Teilenergien symbolisch ausgelagert, die sich dann über einen solchen

Weg wieder bemerkbar machen. Damit wir sie nicht vergessen, brauchen wir andere Personen, die uns daran erinnern, was in unserem tiefen Inneren abläuft. Eine Kreuz-Dame ist dafür geradezu ideal. Nach Aufarbeitung und Erkennen der Thematik erledigt sich das äußere Streitthema mit der Kreuz-Dame von alleine. In den meisten Fällen brauchen wir diese Person dann nicht mehr und oftmals lösen sich diese Verbindungen von alleine auf.

Kurzdefinition: Wenn diese Karte auftaucht, ist es angesagt, tief in unsere inneren Bereiche zu schauen und den inneren Vampir in uns aufzuspüren. Er lebt ähnlich einer Spinne und hält andere Teilenergien in seinen Klauen gefangen. Wenn wir uns bei dem Anblick einer Spinne erschrecken, passiert nichts anderes, als dass wir uns spontan an die in uns gefangengehaltenen Energien erinnern. Somit locken wir durch unsere unbewusste Angst Spinnen geradezu an, die uns wie die Kreuz-Dame nur erinnern wollen. Also achten Sie auf sich!

28 Kreuz-Bube/das Unglück

Der Pechvogel, tappt in jede Pfütze, fühlt sich beschmutzt und muss sich reinigen

Der Kreuz-Bube ist die negativste Karte im Spiel und zeigt uns an, dass wir uns momentan eher auf der dunklen als auf der hellen Seite des Lebens aufhalten. Wir werden hierbei auf unsere in uns befindlichen dunklen Punkte bewusst aufmerksam gemacht. Natürlich kennen wir das alle: Wir fühlen in uns hinein, uns wird schwindelig, wir haben das Gefühl, als würde sich alles im Kreise drehen. Wir denken an unsere Verfehlungen und Disharmonien und besonders über andere Menschen nach, mit denen wir in unserem Leben belastend zu tun haben/hatten. Dies alles sind dunkle Punkte auf unserer Seele und gerade mit diesen müssen wir uns intensiv auseinander setzen. Das heißt, wir müssen aufräumen, das ist unser Weg, den wir zu gehen haben.

Wie oft erleben wir Situationen, die wir nicht verarbeitet haben, mit denen wir immer noch ein schlechtes Gewissen verbinden. Damit wir diese Punkte aufräumen können, müssen wir uns diesen inneren Verfehlungen stellen, um Klarheit zu bekommen. Und genau das ist der Punkt. Wir kommen nicht drum herum, als uns das, was wir getan haben, genau anzuschauen. Wenn wir einem anderen Menschen schaden, dann belasten wir uns selbst und bilden neues Karma. Damit wir lernen, uns daran zu erinnern, speichert mindestens ein Teil in uns alle belastenden Themen ab und versucht uns zu erziehen. Immer wieder bekommen wir ein schlechtes Gewissen und genau das will dieser Teil auch. Wir sollen das bereuen, was wir getan haben, damit wir erkennen können, worum es geht. Nur wenn wir selbst Reue empfinden, können wir uns von diesen Belastungen wieder lösen. Ansonsten kommen unsere inneren Verfehlungen wie Spukgeister aus dem Nichts immer wieder in unser Leben hinein. Die Auflösung der Altlasten ist die Aufgabe, die dahinter steht. Wir müssen uns klären, innerlich verzeihen und uns lösen. Wir müssen aus unseren Fehlern lernen, nur so haben wir eine Chance, dass wir verhindern, uns weiterhin energetisch zu verstricken.

Sollten wir jedoch freiwillig nicht dazu bereit sein, werden sich die belastenden Themen immer stärker bemerkbar machen und wir werden uns in eine Ecke gedrängt fühlen, bis wir erkennen, worum es geht. Bis wir uns sicher sein können, was wir lernen müssen. Wir selbst sind oftmals blind, doch die anderen, die können unsere Energieverstrickungen viel einfacher und leichter sehen. Unsere Verfehlungen sind in der Aura ablesbar. Deshalb gibt es immer noch so viele Menschen, die ständig versuchen den anderen auf seine energetischen „Beschmutzungen" aufmerksam zu machen, nur damit dieser endlich seine „energetisch belasteten Klamotten" wegräumt. Doch wenn wir einen anderen, der nicht hören will, darauf aufmerksam machen wollen, werden wir höchstens eine Abfuhr erleben. Also es lohnt sich nicht. Jeder muss sein eigenes Päckchen tragen und der Kosmos wird schon dafür sorgen, dass jeder zum passenden Zeitpunkt an seine Themen erinnert wird. Wir können jede Aufgabe mit ruhigem Gewissen an den Kosmos abgeben.

Kurzdefinition: Wenn der Kreuz-Bube auftaucht, zeigt er uns die Verfehlungen an, mit denen wir uns auseinander setzen müssen, um mehr geht es nicht. Also brauchen wir vor ihm keine Angst zu haben. Denn Angst kommt von Enge, und solange wir innerlich nicht aufräumen, erleben wir unser Leben als eng. Also kann jede Konfrontation mit unseren inneren Schattenanteilen doch im Grunde genommen nur Weite bedeuten, die wir nach der Verarbeitung automatisch erlangen werden. Also, es lohnt sich.

29 Kreuz-Zehn/das Erdbeben

Plötzlich verliere ich den Boden unter den Füßen, das große Loch, was mich aufzufressen droht, die Unsicherheit

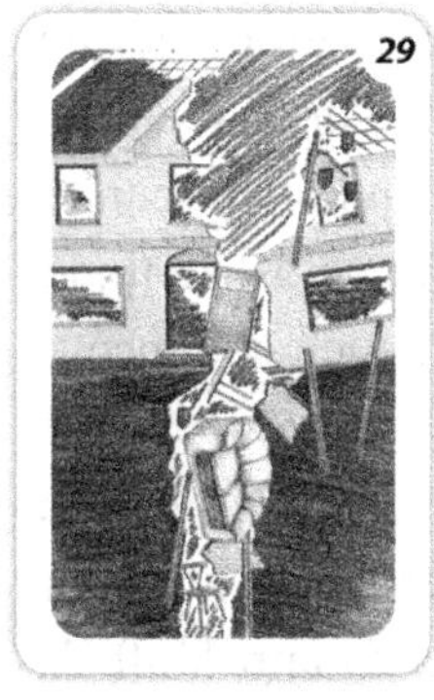

Die Kreuz-Zehn steht für Stresssituationen in unserem Leben. Oftmals fühlen wir uns gestresst und unruhig. Wir wissen nicht mehr, wie wir uns sortieren sollen. Alle Teile in uns wollen zu Wort kommen und wir versuchen alles zu erfüllen, doch dadurch kommen wir nicht zur Ruhe. Wir wissen dann oftmals nicht mehr wo vorne und wo hinten ist. Alles rennt an uns vorbei. Wir warten auf die Wegbiegung, die uns wieder ein Stück näher zu uns selbst bringt.

Viele Menschen leben in so genannten Rollenverhalten, die als Gewohnheitsstrukturen auch gelebt werden wollen. Wir sind es gewohnt, dass der andere so ist, wie er sich uns zeigt und auch schon lange gezeigt hat. Wir erwarten, dass er sich immer weiter so verhält, wie wir es von ihm gewohnt sind. Doch der Mensch ändert sich. Andere Themen kommen nach vorne ins Bewusstsein und wollen gelebt werden. Wir sollten nicht vergessen, wir bestehen nun einmal aus vielen verschiedenen Teilenergien, die sich alle nach vorne in unser Bewusstsein drängen wollen. Und was passiert dann? Wir könnten innerlich ausbrechen, die gewohnte Rolle hinter uns lassen, einen neuen Weg der Befreiung suchen und auch finden. Doch was würden die anderen sagen, wenn wir uns so verhalten? Das ist die größte Angst, die wir zumeist haben, um eine gewohnte Rolle verlassen zu können und um uns neuen Lebensbereichen zu widmen. Doch wer erteilt das Verbot, wer behindert uns? Die anderen? Nein, nur wir selbst. Wir selbst erlauben uns gewisse Komponenten nicht zu leben, dass ist das eigentliche Problem. Je mehr wir uns gegen uns selbst auflehnen, desto schwerer wird unser Leben für uns. Irgendwann, brechen wir aus, dann verlassen wir die gewohnten Bahnen und springen in ein anderes Extrem, um uns zu leben. Sollten wir dies jedoch tun, würden wir uns innerlich in einem kompletten Zwiespalt befinden, der uns letztlich auch nicht helfen kann, unseren eigenen Weg frei und ungebunden zu beschreiten. Somit müssen wir zuerst lernen uns selbst zu finden und uns zu erlauben, das, was wir uns wünschen, auch zu leben.

Je weniger wir uns das erlauben, desto mehr fühlen wir uns innerlich gespalten, in zwei Welten Zuhause. Letztlich betrachtet kann auch dieser Weg keine Harmonie bringen. Irgendwann läuft das Fass über und dann stehen wir vor unserem Scherbenhaufen, den wir aufräumen müssen, ohne uns jedoch dabei ins eigene Fleisch zu schneiden. Sollten wir dies nicht tun wollen, dann wissen wir nicht mehr so recht, welchen Weg wir einschlagen sollen, was rechts oder links ist. Spätestens dann sollte ich mir selbst Rede und Antwort stehen. Dann muss ich mich sortieren, denn ich stehe kurz vor einer inneren Explosion, meine Energien toben und ich muss allen innewohnenden Stimmen zuhören - das ist der Weg.

Kurzdefinition: Die Kreuz-Zehn zeigt das innere Ungleichgewicht an. Ich bin innerlich nervös und rotiere, muss mich dingend sortieren, und mir offen und ehrlich erlauben, dass ich so, wie ich bin, mich auch leben darf. Wenn ich mich stark meinem äußeren Umfeld präsentiere, werden auch die anderen meine Wandlung akzeptieren, jedoch nur, wenn ich sie für mich selbst schon akzeptiert habe. Die Kreuz-Zehn ermahnt mich dazu, endlich ehrlich zu mir selbst zu sein. Ich werde mich nach der inneren Auseinandersetzung und Akzeptanz meiner Person absolut besser fühlen. Das Ablehnen der eigenen Persönlichkeit ist wohl das schlimmste Verbrechen, was wir uns selbst auferlegen können.

30 Kreuz-Neun/die Transformation

Leben und Sterben, die hundertprozentige Umwandlung, das Hineingleiten in eine andere Dimension

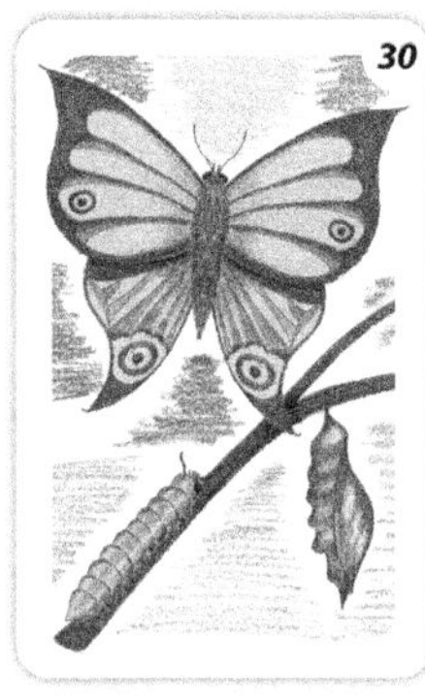

Die Kreuz-Neun ist die Karte des Verlusts. Sie zeigt an, dass wir etwas loslassen müssen. Es handelt sich dabei jedoch um eine innere Vorstellung, die mit Sicherheit mit der momentan auftretenden äußeren Situationen zusammenhängt. Doch wie schwer fällt es uns oftmals uns einfach zu lösen, Situationen und Personen loszulassen und uns auf eine andere Ebene zu begeben. Wie gerne halten wir an unseren althergebrachten Vorstellungen fest und wollen uns bis auf alle Ewigkeit damit verbinden. Doch was nützt uns das? Wenn wir nicht bereit sind, unsere inneren Bilder zu wandeln, würden wir nur noch in unseren Träumen leben. Wenn wir hoffen, dass der Traumprinz uns erretten möge, dann werden wir bis auf alle Ewigkeiten warten und den Partner, der liebevoll neben uns auf der Couch sitzt, nicht wertschätzen können, da er nach unserer Meinung nicht der Traumprinz sein kann. Warum nicht? Ganz einfach, das Idealbild passt nicht. Somit dürfte jetzt schon klar sein, dass unsere inneren Bilder und Vorstellungen vom Leben, wie das Leben sein soll, oftmals einen sehr großen Nachteil für uns darstellen, da wir das, was wir haben nicht schätzen können, solange wir auf etwas anderes warten. Somit würden wir unserem realen Leben kaum eine Chance geben.

Doch woher haben wir diese Bilder in uns? Meist schon aus der Kindheit: Wir kopieren beispielsweise das Partnerschaftsbild der

Eltern und versuchen dieses nachzuleben. Wenn die erlebten Eltern dann „nie“ miteinander glücklich waren, dann werden wir es auch nicht sein. Wir funktionieren nach genau diesem einprogrammierten Muster und damit uns das überhaupt bewusst wird, müssen wir oftmals darüber nachdenken, damit wir eine andere Ebene der Erkenntnis bekommen können. Wir müssen erkennen, was wir uns selbst antun, mit unseren inneren Bildern, die stetig wie ein schlechter Film in unserem Kopf auftauchen und uns die Laune verderben. Somit sollten wir hin und wieder hinschauen, damit wir unsere Glaubenssätze, solange wir glauben, sind wir von einer Sache überzeugt, ändern können. Wir müssen lernen, dass was wir haben auch so anzunehmen wie es ist. Sollte uns irgend etwas nicht passen, dann müssen wir es eben wandeln. Jede noch so kleine Unzufriedenheit deutet letztlich nur daraufhin, dass wir meinen anders sein zu müssen, als wir wirklich sind und das ist ein fataler Irrtum. Wir müssen lernen, das zu leben, was wir sind, doch dafür müssen wir wissen, wer oder was wir sind. Nur so haben wir eine reale Basis der Erkenntnis. Damit wir ab und zu darüber nachdenken, zerplatzen unsere Wunschträume, wie eine Seifenblase. Nachdem wir uns die Augen „ausgeheult“ haben, werden wir wieder neu durchatmen und uns erneut mit frischem Elan auf unseren Lebensweg begeben - hoffentlich den wahrhaftig, realen und nicht wieder den unrealistisch, verträumten.

Kurzdefinition: Wenn die Kreuz-Neun auftaucht, zeigt sie uns eindeutig an, dass wir loslassen und uns ändern müssen. Erst wenn wir erkennen, was wir wirklich leben wollen, werden wir uns bewusst unseren inneren Talenten und Fähigkeiten stellen können. Jeder Verlust ist schwierig. Wichtig ist, dass wir uns selbst erlauben sollten, darüber trauern zu dürfen. Nur so können wir unsere wahrhaftigen Bedürfnisse kennen lernen.

31 Kreuz-Acht/die Krankheit

Ich brauche dringend Heilung und Regeneration, bin müde und abgeschlafft, meine Lebensgeister haben mich verlassen

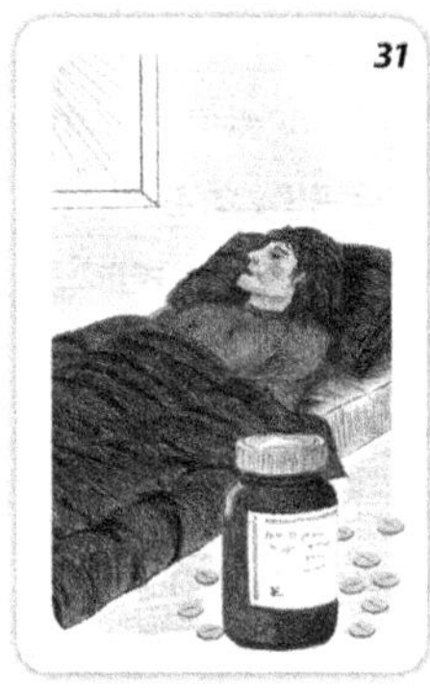

Die Kreuz-Acht steht für die seelische und körperliche Krankheit. Wenn wir gegen uns leben, dann wirkt sich dies sehr negativ auf unsere Energieebenen aus. Mit der Zeit werden sich diese Energien sogar auf die körperliche Ebene legen und in Form einer Krankheit ins sichtbare Feld rücken. Jede Krankheit kommt von Innen heraus. Somit müssen wir jegliche Heilung Ansatzweise auch in unserem Inneren suchen. Es ist immer gut einen Arzt zu konsultieren und sich Hilfe geben zu lassen, doch letztlich muss der Körper sich wieder in einem harmonisch energetischen Gleichgewicht befinden - das ist der einzige Weg der wahrhaftigen Heilung. Doch wie baut sich eine Krankheit überhaupt auf?

Stellen wir uns einmal vor, dass wir uns in unserem Leben energetisch teilweise zurücknehmen. Meist schon erlernt aus der Kindheit, verbergen wir eine innere Energie in uns und leben somit bewusst nur mit bestimmten Energieanteilen. Mit der Zeit rebellieren diese nicht geliebten Energien in unserem Körper, denn auch sie wollen Gehör finden. Damit diese nun nicht als Störenfriede ins Alltagsgeschehen eingreifen können, hindern wir sie daran, indem wir andere Energien dagegen richten. Somit kämpfen die Energien untereinander und behindern sich gegenseitig. Mit der Zeit wird dies jedoch immer heftiger, sodass wir immer deutlicher spüren, wie sich in uns ein innerer Zwist aufbaut. Der legt sich sehr schnell über die Aura und wird nach kurzer Zeit im Körper spürbar sein, die Energien brauen sich zusammen. Wir bekommen dann regelmäßig depressive Phasen, die alleine dazu dienen, damit wir hinschauen, damit wir sehen, worum es geht. Sollten wir schon in einem solchen Moment der körperlich spürbaren Disharmonie einen Arzt zu Rate ziehen, dann können wir uns nach der Bestätigung unserer vermuteten Eigenkämpfe überlegen, wie wir zukünftig mit uns verfahren werden.

Doch ganz so einfach ist es trotzdem nicht: Wir sollten nicht vergessen, wie schwierig es ist, die Energien so zentriert auf eine Körperstelle zu legen, dass der Körper/die Körperstelle letztlich darüber krank wird. Je länger wir eine Energiestruktur und somit eine Körperstelle belasten, desto mehr werden wir die Krankheit spüren. Deshalb müssen wir sobald wir eine körperliche Belastung merken – und das merken wir daran, dass wir innerlich trauern und Energien, die sich frei machen wollen, eher unterdrückend herunterschlucken – darauf achten, dass wir uns erlauben, die verletzten Energien zu heilen, damit wir wieder gesund und heil werden können. Denn die Krankheit entsteht aus einem gesunden Körper, den wir selbst krank gemacht haben, also können wir ihn auch nur wieder selbst gesunden lassen.

Kurzdefinition Die Kreuz-Acht zeigt uns an, dass wir/der Körper/die Situation/der Gegenstand krank sind. Somit müssen wir sofort darauf reagieren und überlegen, was wir tun können. Wir sind immer handlungsfähig und das sollten wir nie vergessen. Also sobald diese Karte auftaucht achten Sie darauf, um was für energetische Verstrickungen es sich hierbei handelt.

32 Kreuz-Sieben/die Tränen

Alte Schmerzen tauchen wieder auf und schreien nach Erlösung, Schmerzbewältigung, Wiederfinden der inneren Ruhe

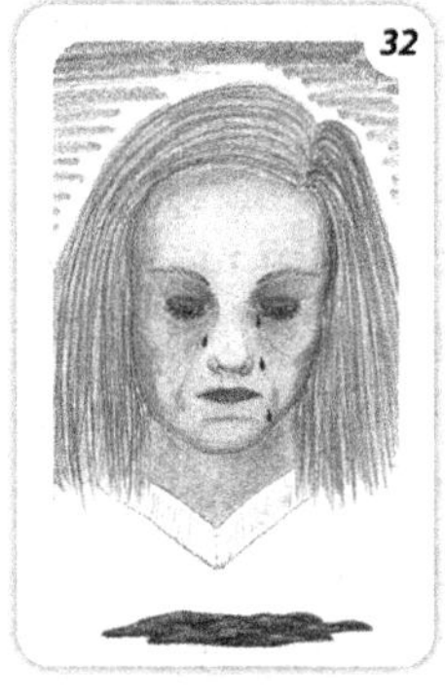

Die Kreuz-Sieben steht für ungeweinte Tränen und Traurigkeit. Wie oft erleben wir Schicksalsschläge, die wir in dem Moment, wo sie passieren, nicht einfach verarbeiten können, da die Situation sich nicht ergibt. Doch was machen wir später, was machen wir danach? Meist begeben wir uns danach wieder in den alltäglichen Lebensrhythmus hinein. Wir nehmen uns kaum noch Zeit über erlebte Situationen zu trauern, wir stecken die Energien lieber in uns weg, nach dem Motto: Ein Indianer kennt keinen Schmerz. Was für ein Quatsch, wir alle sind emotional und sollten uns von daher erlauben, unsere Emotionen auch leben zu dürfen. Wenn wir uns jedoch in unserem Gram verstecken und uns nicht erlauben, uns zu leben, dann ziehen wir uns energetisch zurück und verkapseln die verletzten Emotionen. Diese tauchen dann immer wieder aus dem Schattenbereich auf und wollen gelebt werden.

Weinen Sie öfter und wissen real nicht warum? Nein, wissen Sie es wirklich nicht? Es ist die Trauer, die hochkommt und verarbeitet werden will. Wir müssen alles das, was zu uns gehört leben. Wir können uns nicht einfach verschließen, in der Hoffnung, dass das Thema sich für uns erledigt hat. Nein, wir müssen uns innerlich um unsere Verletzungen kümmern, wir müssen uns ausheilen, wir sollten unseren inneren Arzt konsultieren, damit wir uns regelmäßig mit den verletzten Energieanteilen in uns auseinander setzen. Somit müssen wir uns in einem solchen Fall innerlich und äußerlich behandeln und heilen. Es gibt genug Helfer auf dem Weg zur Selbstheilung, und somit können wir bei Bedarf Hilfe in Anspruch nehmen. Doch eins sollte jetzt schon klar sein: All das, was wir meinen in uns unterdrücken zu müssen, unsere harte Schale, unsere dicke Haut, all die Belastungen des Lebens, die wir auf uns buckeln - werden wir letztlich irgendwann, eines Tages ablegen müssen und dann werden wir wieder weinen und hoffentlich werden es diesmal die letzten Tränen diesbezüglich sein. Dies wiederum kann nur sein, wenn wir um unsere inneren Verletzungen bewusst weinen. Tun wir das nicht, dann werden wir immer wieder einen hohen Taschentuchverbrauch haben, ohne genau zu wissen warum. Da ist der andere Weg der direkten Aufarbeitung und Trauerbewältigung. Wir müssen uns so oder so leben, je klarer wir dies tun, desto besser für uns und unser Leben.

Kurzdefinition: Taucht die Kreuz-Sieben auf, macht sie uns auf alte Trauerbelastungen und somit auf nicht geweinte Tränen aufmerksam. Wir sehen anhand dieser Karte, dass es nicht verarbeitete Schmerzpunkte in uns gibt, die wir lösen und in uns verändern müssen. Also eindeutig die Aufgabe: Trauerarbeit ist angesagt.

Kurzfassungen der Karten zum schnellen Überblick

1. *Herz-Ass/das Heim*: Das Haus, die Häuslichkeit – alles, was direkt zu mir und meiner nahen Umgebung gehört.

2. *Herz-König/der Geliebte:* Die männliche Hauptperson, herzlich offener Mann, der Partner der Herz-Dame/die Geliebte.

3. *Herz-Dame/die Geliebte:* Die weibliche Hauptperson, herzlich offene Frau, die Partnerin des Herz-König/der Geliebte.

4. *Herz-Bube/die Befruchtung:* Der Neubeginn, das innere/äußere Kind, der neue Weg, der vor uns liegt.

5. *Herz-Zehn/die Ringe:* Die Ehe, die Wunscherfüllung, die feste verbindliche Beziehung.

6. *Herz-Neun/der gefallene Engel:* Die emotional Tiefe und feste Verbindung, die dunkle und helle Seite in uns.

7. *Herz-Acht/die Geselligkeit:* Die Lustigkeit, die Beweglichkeit, die Partys, die Freunde, die schönen Seiten des Lebens, die Freude.

8. *Herz-Sieben/das Spiegelbild:* Die Liebe, die Partnerschaft, Frühlingsgefühle, die Selbstliebe.

9. *Pik-Ass/der Vertrag:* Die verbindliche Verabredung, an die man sich halten muss, die Einlösung wird beiderseits gefordert.

10. *Pik-König/der strenge Vater:* Ein starker erzieherischer Mann, der Ermahner, die Gerichtsperson.

11. *Pik-Dame/die strenge Mutter:* Die innere Disziplin, die Strenge, die forsche Frau, die einen an die inneren Verbindlichkeiten erinnert.

12. *Pik-Bube/die Kommunikation:* Das klärende Gespräche, klare Vorstellungen in die Tat umgesetzt, der erste Weg der Materialisierung der Gedanken.

13. *Pik-Zehn/der Umzug:* Die komplette Wandlung, die Veränderung, die Transformation im Außen, die innere Wandlung wurde schon lang vollzogen.

14. *Pik-Neun/die Geduld:* Es dauert noch lange, es ist noch ein weiter Weg, Geduld ist angesagt.

15. *Pik-Acht/die Schnelligkeit:* Ein kurzer Weg, bald ist es so weit, es ist in der Nähe, Schnelligkeit ist angesagt.

16. *Pik-Sieben/die Ernte:* Die innere und äußere Arbeit, Beruf-Berufung, der Arbeitsweg, die Einstellung zu alltäglichen Arbeiten.

17. *Karo-Ass/die Meditation:* Die innere Kommunikation, die Eingebung, der Blitzgedanke, das Gespräch mit unserem inneren Licht.

18. *Karo-König/der gute Freund:* Der liebenswerte Kollege, der Sohn, der Bruder, ein lebenslustiger Mann, der gerne lacht.

19. *Karo-Dame/die gute Freundin:* Die liebenswerte Kollegin, die Tochter, die Schwester, eine lebenslustige Frau, die gerne lacht.

20. *Karo-Bube/das Füllhorn:* Glück, alles ist in den richtigen Bahnen, eine glückliche Zeit, gutes Gelingen.

21. *Karo-Zehn/der Geldbaum:* Das Geld, die Einstellung zum Leben, das Rückgrat, die innere Sicherheit, der Energiefluss.

22. *Karo-Neun/das Geschenk:* Die Gabe, die Freude, das Bewusst-werden über meine „Reichtümer".

23. *Karo-Acht/der kleine Erfolg:* Der geringe Sieg, luftig leicht die Sachen angehen, es ist in Ordnung, so wie es ist, die Ernte wird nicht sehr groß ausfallen.

24. *Karo-Sieben/der große Sieg:* Der große Erfolg, besonderes Gelingen der geplanten Vorhaben, alles wird Bestens, die Ernte wird sehr reichlich ausfallen.

25. *Kreuz-Ass/die Trauerweide:* Das Schicksal, die schicksalhafte Begegnung, das karmische Thema, die Aufforderung zur inneren Aufarbeitung.

26. *Kreuz-König/der Vampir:* Ein negativ ausgerichteter Mann, der Vampir, der Ausbeuter, der die Schwachstellen anderer zu seinen eigenen Zwecken nutzt.

27. *Kreuz-Dame/die Spinne:* Eine negativ ausgerichtete Frau, die böse Absichten hat. Eine Spinne, die ihre Opfer einspinnt, um sie fest an sich zu binden und sie auszusaugen.

28. *Kreuz-Bube/das Unglück:* Die negativste Karte im Spiel, alles Negative wird wie von einem Magnet geführt angezogen. Spiegelbild der inneren Schattenseiten.

29. *Kreuz-Zehn/das Erdbeben:* Die Wandlung, die Veränderung, das Aufräumen, die Hektik, der Stress, die Unruhe.

30. *Kreuz-Neun/die Transformation:* Der Verlust, das Loslassen, das Lösen alter Verhaltensmuster, der Neubeginn.

31. *Kreuz-Acht/die Krankheit:* Die seelische und körperliche Erkrankung, der Disharmonie Körper, Seele und Geist, die Energieblockade und deren Auflösung.

32. *Kreuz-Sieben/die Tränen:* Die uralte Trauer, die Aufarbeitung alter traumatischer Kindheitserlebnisse, das Loslassen.

Charaktereigenschaften - die inneren Stärken aus positiver Sicht

Wir können viele Legemethoden mit den Karten ausprobieren. Eine sehr einfach anzuwendende Methode, auch um uns mit den Karten vertraut zu machen, beinhaltet das 3er Karten-ziehen.

Du nimmst die Karten, mischst sie kräftig und legst sie ausgefächert mit dem Gesicht nach unten auf den Tisch. Du konzentrierst dich und fragst: Was ist gerade wichtig für mich?

Dann ziehst du drei Karten hintereinander aus dem Stapel heraus und drehst sie noch nicht um. Diese Karten geben dir eine Kurzanalyse deiner momentanen Stimmungssituation. Dann kannst du die Karten hintereinander herum drehen und entsprechend der gelernten Aussage mit den aufgeführten Deutungen analysieren.

Egal, wie du die Karten nutzen möchtest, ob du nur auf deine Charakterstärken oder auch -schwächen ziehen willst, die momentane Situation oder auf wichtige Fragen, du bekommst immer eine wichtige Momentaufnahme gespiegelt, die du nutzen kannst. Deine Frage liefert die gezogenen Antworten. Du hast die freie Wahl. Viel Erfolg.

1. *Herz-Ass/das Heim:* Die Häuslichkeit, die innere Zufriedenheit, liebt besonders die Harmonie.

2. *Herz-König/der Geliebte:* Das stabile Selbstwertgefühl, das sich nach Außen demonstrieren lässt.

3. *Herz-Dame/die Geliebte:* Das stabile innere Gefühl für die eigene Persönlichkeit – ich weiß, wer ich bin und glaube an mich.

4. *Herz-Bube/die Befruchtung:* Er liebt alles Neue, ist immer offen für neue befruchtende Impulse.

5. *Herz-Zehn/die Ringe:* Die tiefe Verbundenheit, hält Absprachen ein, will sich dauerhaft verbinden, ist somit absolut partnerschaftsfähig.

6. *Herz-Neun/der gefallene Engel:* Die tiefe Emotion, liebt die Nähe zu anderen Menschen, geht immer nur über tiefe Gefühlswelten, niemals oberflächlich.

7. *Herz-Acht/die Geselligkeit:* Ist offen und fröhlich, liebt es viele Freunde zu haben, geht gerne aus, hat Spaß am Leben und an Vergnügungen.

8. *Herz-Sieben/das Spiegelbild:* Er liebt sich selbst, ist in sich erfüllt und ausgeglichen, offen Partnerschaft zu leben, sich zu verlieben und den Partner mit Haut und Haaren zu kosten.

9. *Pik-Ass/der Vertrag:* Er ist sehr diszipliniert, er hält seine Verabredungen und seine Versprechungen auch absolut ein.

10. *Pik-König/der strenge Vater:* Er ist eine autoritäre starke Person, der genau weiß, was er will und das wird er mit aller Disziplin umsetzen.

11. *Pik-Dame/die strenge Mutter:* Sie ist eine starke innere Persönlichkeit, sie weiß was sie will und wird es durch ihre innere Antriebskraft gezielt umsetzen.

12. *Pik-Bube/die Kommunikation:* Er liebt die offene Kommunikation, lässt nichts Gesagtes einfach so stehen, er ist ein Analytiker.

13. *Pik-Zehn/ der Umzug:* Er ist wandlungsfähig, zieht seine Projekte bis zum Schluss durch, liebt die äußeren Veränderungen.

14. *Pik-Neun/die Geduld:* Er ist besonders geduldig, kann warten, er hat die Ruhe weg.

15. *Pik-Acht/die Schnelligkeit:* Er liebt die Schnelligkeit und kann spontan zielgerichtet handeln.

16. *Pik-Sieben/die Ernte:* Er liebt die Arbeit, ist strebsam und fleißig, achtet auf klare Linien.

17. *Karo-Ass/die Meditation:* Er liebt die Kommunikation auf allen Ebenen, ist wissbegierig, meditativ und spricht mit seinem inneren Licht.

18. *Karo-König/ der gute Freund:* Er liebt das leicht lockere Leben, kann andere mit seiner Art anstecken, hat eine besonders positive Ausstrahlung.

19. *Karo-Dame/die gute Freundin:* Sie liebt die Leichtigkeit, sie steckt andere mit ihrer leichten Art an und bringt diese von ihren dunklen Gedanken weg.

20. *Karo-Bube/das Füllhorn:* Er ist ein Glückskind, alles Positive fällt ihm zu, er weiß um seine positiv strahlende Aura, ist gerne besonders beliebt und steht inmitten seines Lichterglanzes.

21. *Karo-Zehn/der Geldbaum:* Er ist in sich sehr stabil, Gedanken-stark, er kennt seinen eigenen Wert und kann sich entsprechend äußern.

22. *Karo-Neun/das Geschenk:* Er nimmt das Leben als Geschenk, positiv bejahend freut er sich seines Lebens.

23. *Karo-Acht/der kleine Erfolg:* Er ist mit dem zufrieden, was er hat und kann es auch in vollen Zügen genießen.

24. *Karo-Sieben/der große Sieg:* Er ist strebsam, gibt keine Ruhe, bis er seine Projekte endlich nach seinen Vorstellungen geschafft hat, danach steht er stolz auf seinem Siegespodest.

25. *Kreuz-Ass/die Trauerweide:* Er liebt die Tiefen des Lebens, geht durch alles durch, ist stark wir ein Baum, nichts kann ihn umhauen.

26. *Kreuz-König/der Vampir:* Er zeigt auch seine negativen Seiten und steht dazu, er will nichts beschönigen, er ist so, wie er ist.

27. *Kreuz-Dame/die Spinne:* Sie steht zu ihren inneren/äußeren Lebenssituationen und versteckt sie nicht, nach dem Motto: Es ist, wie es ist.

28. *Kreuz-Bube/das Unglück:* Er zieht die negativen Seiten des Lebens an und liebt es besonders sich der Dunkelheit hinzugeben.

29. *Kreuz-Zehn/das Erdbeben:* Er liebt die Spannung, den Kick des Lebens, er geht nicht auf Nummer sicher, sondern eher auf Risiko.

30. *Kreuz-Neun/die Transformation:* Er lässt gerne los, trennt sich von Ballast und kann sich stetig neu verbinden, um sich wieder zu lösen.

31. *Kreuz-Acht/die Krankheit:* Er liebt den Seelenschmerz, kein Weg dahin ist ihm zu weit oder zu schmerzhaft, die tiefsten Punkte des Lebens sind sein Zuhause.

32. *Kreuz-Sieben/die Tränen:* Er liebt tiefe Depressionen, bedrückende Stimmungen, er weint gerne um andere, weint immer dann, wenn es etwas zu weinen gibt, auch wenn es andere betrifft.

Das Kartenlegen

Nun haben wir einiges über die Karten erfahren, sodass wir uns jetzt mehr mit der praktischen Anwendung beschäftigen können. Es gibt verschiedene Methoden sich der Welt des Kartendeutens zu öffnen. Egal welche Methode du wählst, du solltest dich immer erst auf die Fragestellung konzentrieren. Du solltest bewusst wissen, was du wirklich wissen willst.

Die Karten sollten dir sympathisch sein. Du solltest nach Möglichkeit einen Verbund zu den Karten aufbauen können, damit du sie auch als deine dir zugehörigen Instrumente betrachten kannst.

Mit der Zeit wirst du dich immer mehr mit den Inhalten der Analyse verbinden und beschäftigen können, ohne dass du bei jeder Karte nachschlagen musst.

Stelle dir doch einfach mal eine Frage und ziehe eine Karte. Daraufhin kannst du weitere Fragen stellen, bis du ein Ergebnis hast, das ist die einfachste Form des Kartenlegens und auch die am häufigsten gebraucht wird.

Doch egal, was du auch ziehen möchtest, konzentriere dich auf die Fragestellung, bevor du ziehst.

Nun fangen wir mit der Einfachheit der Legemethoden an.

Die einfachste Anwendungsform Karten zu legen, um über die Karten eine Analyse zu erfahren, ist die Karten mit dem Gesicht nach unten vor sich auszufächern. Wichtig ist sich dann zu konzentrieren, gezielt Fragen zu stellen, um dann nach Belieben eine oder mehrere Karten zu ziehen. Am besten ist es immer auf eine Frage auch eine Karte zu ziehen. Danach sollte man sich die Antwort in Ruhe anzuschauen. Sollte das Ergebnis noch nicht ausreichend sein, kann man weitere Fragen stellen und dazu auch noch weitere Karten ziehen, bis man ein aussagekräftiges Ergebnis hat.

Dies ermöglicht gezielte Antworttendenzen auf gestellte Fragen zu erhalten. Jedoch ist eine nüchterne Fragestellung dabei besonders wichtig. Denk daran, je genauer du fragst, desto besser wirst du eine Antwort erhalten. Es nützt dir wenig, wenn du beispielsweise fragst:

- Wann wird mein Traumpartner endlich kommen?

Einen Zeitraum über die Fragestellung der Karten festzulegen, ist immer schwierig und findet selten ein klare Beantwortung.

- Wie wird der Traumpartner sein?

Auch diese Frage wird nicht einfach zu beantworten sein, da die Karten höchstens Charaktereigenschaften und Stärken preisgeben können, mehr jedoch nicht.

Du siehst, wie wichtig es ist, genau und überlegt zu fragen. Doch egal, was wir auch wissen wollen, wir sollten versuchen so unemotional wie möglich zu fragen. Wenn wir emotional stark betroffen sind, versuchen wir richtungsweisend die Antworten der Karten zu beeinflussen und haben somit kaum eine Chance eine wahrheitsgemäße Aussage zu erhalten. Je mehr wir uns tief, im Inneren, eine Aussage wünschen, desto eher werden wir ein gemischtes und somit unklares Bild erhalten. Das beste wäre, wenn uns das Ergebnis fast egal sei, dann könnte als Ergebnis kommen was wollte und wir würden es einfach annehmen und darüber nachdenken.Kartenlegen hat im Grunde genommen wenig mit der im üblichen Sinne dargestellten Wahrsagerei zu tun, obwohl wir sehr wohl mit den Karten einen Weg der Wahrheitsfindung beschreiten können. Natürlich können wir anhand der Karten die Gegenwart, die Zukunft und auch die Vergangenheit erkennen.

Das Wichtigste ist jedoch, dass wir analysieren, warum wir mit der einen oder auch anderen Situation konfrontiert werden. Je mehr wir an uns selbst glauben, desto einfacher werden wir uns mit Aussagen der dargestellten Ist-Analyse über die Karten anfreunden können. Die Karten sind lediglich ein Wegweiser, um uns das aufzuzeigen, was wir sowieso schon tief in uns verborgen wissen. Sie werden uns auf vergangene, kommende und auch noch gegenwärtige Themen hinweisen. Das ist die hinter dem System und somit der Nutzung der Karten liegende Aufgabe. Anhand der Gegenwart und der Vergangenheit können wir sehr leicht die zukünftige Tendenz – Stand jetzt – erkennen.

Es nützt uns nichts zu wissen, dass wir in der Zukunft etwas Unangenehmes zu erwarten haben? Solche Prognosen machen uns eher Angst. Die damit verbundene Energie könnte die Zukunftsperspektive tatsächlich realisieren lassen. Unsere ängstliche Unsicherheit würde dann noch stärker auf die bevorstehende Lebenssituation einwirken. Deswegen ist es wichtig immer handlungsfähig zu bleiben und auf die ausgesandten Energien und Wünsche Acht zu geben.

Wir sollten jede Zukunftsprognose dahin nutzen, dass wir erkennen können, welchen Weg wir beschreiten werden, wenn wir uns weiterhin so verhalten wie bisher. Wir sind jederzeit handlungsfähig, nur ist uns dies in den meisten Fällen nicht direkt bewusst. Damit wir wieder lernen, selbst handeln zu können, sind die Karten ein idealer Wegweiser, der uns wiederum zeigt, worum es eigentlich in unserem Leben gerade geht. Die Prognose der Karten kann Hinweise geben, um zu erkennen, was sich hinter der gerade gelebten Thematik verbirgt. Hintergründe werden aufgedeckt. Je klarer wir erkennen können, welche Energieblockaden wir in uns tragen, desto mehr werden wir uns wieder bewusst befreien können. Das größte Problem der meisten Menschen ist, dass sie sich in einer

Situation hilflos ausgeliefert fühlen. Solange wir das Gefühl haben nichts tun zu können, sind wir auch wirklich ausgeliefert.

Sollten wir beispielsweise darauf warten, dass ein Partner als Befreier unseres inneren Gefängnisses auftaucht, um endlich unsere Gefängnistür zu öffnen, werden wir wohl kaum eine Chance bekommen, jemals unser inneres Gefängnis zu verlassen.

Wie viele Menschen richten den Blick auf andere, auf den Partner, in der Hoffnung, dass die auserwählten Personen ihr Verhalten ändern mögen, damit es ihnen angeblich besser gehen kann. Der Blick ist auf den anderen gerichtet, nicht auf sich selbst. Doch mit diesem Wunschverhalten können wir keine eigenständig Lösung herbeiführen.

Wenn wir begreifen, dass nur wir alleine handlungsfähig sind und den Schlüssel für unser inneres Gefängnis in unseren Händen halten, können wir unser Schicksal sofort verändern. Die düsteren, innerlich gesteuerten Wolkenbilder werden vorbeiziehen. Ein klarer Blick in den Himmel, wird die Sonne im Gesicht strahlend scheinen lassen.

Das ist der Augenblick, indem sich die mühevolle Arbeit der Erkenntnis, des Verstehens und Lernens, gerade auch im Umgang mit Hilfsmitteln wie den Karten, belohnen wird. Und das ist meines Erachtens auch der wahrhaftige Weg, den die Kunst der Wahrsagerei mit sich bringt. Kein Mensch auf der Welt kann wirklich damit umgehen, wenn ihm irgendeiner seinen Tod oder den Tod einer nahestehenden Person weissagt.

Doch zu wissen: wie ich mich ändern kann; wie sich diese oder jene Lebenssituation ändert lässt; wie ich zukünftig damit umgehen kann; warum mein Partner in mir den Prellbock sieht; warum meine Mutter mich so behandelt oder warum die Kollegin mich meiden? Das zu Wissen und an den Situationen etwas verändern zu können, das ist die wahre Form der Magie, die Umwandlung der Energien und somit der eigene Befreiungsweg.

Wenn wir das lernen, werden wir wissen, wie wir uns verhalten können und auch, was wir tun können, um energetische Verstrickungen zu lösen. Wir werden die anderen und uns selbst verstehen lernen und das ist eine wahrhaftige Analyse.

Wenn wir nun mit dem Kartenlegen beginnen wollen, sollten wir vorher noch ein paar Punkte beachten:

Der Ort an wir mit den Karten arbeiten wollen ist wichtig. Die Atmosphäre sollte gut sein, keiner sollte sich gestört fühlen. Man sollte sich grundsätzlich in gut durchlüfteten Räumen aufhalten. Man braucht frische Luft, um sich gut konzentrieren zu können. Man sollte als Kartenleger persönlich gesteuerte Emotionen und Gedanken abschalten, um sich wertneutral konzentrieren zu können.

Suche dir einen Platz aus, auf dem du dich wohl fühlen kannst. Lass deinen Blick schweifen und kontrolliere, ob du nun startbereit bist. Dann nimm die Karten, mische sie und fächere sie vor dir auf dem Tisch aus. Konzentriere dich, stelle eine Frage und ziehe eine Karte. Wenn die Fragen für eine anwesende Person bestimmt sind, kann sie selbst die Karten ziehen oder du, so wie ihr es haben möchtet. Doch du stellst die Fragen, es sind deine Karten. Du übernimmst automatisch die Position des Kartenlegers und bestimmst den Ablauf der Session.

Lege die gezogene Karte mit dem Gesicht/Bild nach oben auf den Tisch. Analysiere sie kurz und versuche dabei so klar wie möglich zu sein. Lasse dich ein wenig auf die Aussage der Karte ein, fühle hinein. Was möchte die Definition der gezogen Karte dir zu der gestellten Frage analytisch mitteilen? Gibt es schon eine klärende Antwort? Sollte diese nicht deutlich genug sein, dann frage weiter und ziehe die nächste Karte, deute und analysiere sie. Du kannst so viele Karten nutzen, bis du eine klare Antwort erhalten hast.

Lasse dir stets genug Zeit, überdenke jede Karte, damit dir auch nichts entgeht. Sei bitte nicht ungeduldig, hektisch oder zu schnell. Halte dir die Treue und bleibe ehrlich. Belüge dich nicht selbst. Du weißt, die Karten sind „nur" ein Wegweiser, um dir deine Energieverbindungen aufzuzeigen, also nutze die Aussagen der Karten als Erkenntnisgewinn. Schreibe die Ergebnisse auf oder mache dir ein Foto, so kannst du jederzeit nochmal darüber nachdenken. Ich bin mir sicher, dass auch du bei ernsthafter Deutung der Karten erfolgreich sein wirst.

Es sind keine Grenzen gesetzt. Du kannst, was du willst. Nachfolgend gebe ich dir kleine Tipps als Anleitung. Die Fragebeispiele, sowie die Antworten sind natürlich frei erfundenen:

- Du möchtest gerne ein Haus kaufen. Dies ist eine wichtige Entscheidung, bei der alles stimmen muss. Schau dich um, ob du eins findest, was dir gefällt. Nun möchtest du dazu die Karten befragen, um einen anderen Blick zu dem Haus zu gewinnen. Da es sich in diesem Fall um kein leichtes Thema handelt, solltest du dir auf jeden Fall beim Karten ziehen Zeit nehmen und idealerweise noch eine andere Person dazu bitten, die dir unterstützend mit Gedanken und Fragen helfen kann.

- Bevor du die ersten Fragen stellst, ziehe bitte immer und grundsätzlich eine Karte auf deine Person. Du ziehst in unserem Fallbeispiel die Pik-Acht/die Schnelligkeit, das bedeutet, dass du momentan mit vielen verschiedenen Sachen konfrontiert wirst und auch schnell handeln musst.

- Die nächste Karte: Wie ist es für mich persönlich, wenn ich ein Haus im Wert von 450.000 Euro kaufen würde? Antwort: Karo-Acht/der kleine Erfolg, das bedeutet, ein Hauskauf in diesem Wertformat wird für dich kein herausragender Erfolg sein, jedoch erfolgreich genug, sodass du ein Haus kaufen kannst. Du musst nicht unbedingt jetzt ein Haus kaufen, doch wenn du dies tun willst, dann ist es auch in Ordnung.

- Die nächste Karte bezieht sich direkt auf das Haus, welches du gesehen hast. Die Fragestellung: Wir ziehen jetzt eine Karte als Aussagekarte auf das Haus. Es kommt die Herz-Acht/die Geselligkeit, das heißt, dies ist ein Haus mit viel Bewegung, liebt Begegnungen und Lachen. Es braucht Menschen, damit es sich wohl fühlt. Auch ein Haus hat eigene Energien, einerseits durch den Platz, auf dem es steht, andererseits durch die Baumaterialien. Natürlich bringen die Eigentümer, sowie die Bewohnern eine Energie mit sich, die spürbar ist, wenn man das betritt. Wenn wir eine Karte auf ein gebrauchtes Haus ziehen, erfahren wir zu allererst, in welchem energetischen Zustand sich das Haus zum jetzigen Zeitpunkt befindet.

- Eine weitere Karte ist für den baulichen Zustand des Hauses gedacht. In welcher gesundheitlichen Konstellation befindet sich das Haus? Antwort Pik-Zehn/der Umzug, das bedeutet, es müssen radikal Substanzen/Gegenstände ausgewechselt werden. Der innere Prozess der Mängel ist schon abgeschlossen, doch die äußere Wandlung ist notwendig. Somit haben wir auf jeden Fall bei diesem Objekt Sanierungsarbeiten auszuführen.

- Die nächste Karte bezieht sich auf den Hinweis der letzten gezogenen Karte. Wir können gewisse Ebenen dementsprechend abfragen. In unserem Fall erinnern wir uns an ein Gespräch mit dem Eigentümer über den Dachstuhl, der erneuert werden muss. Wir ziehen eine Karte auf den Gesundheitszustands des Dachstuhls: Kreuz-Acht/die Krankheit, das heißt der Dachstuhl ist krank und marode und bedarf dringend einer sanierenden Behandlung, dies ist die Veränderung. Somit wissen wir nun auch über die Karten, dass dieses Haus eine sanierende Behandlung des Dachstuhls braucht.

- Wir fragen weiter auf den Gesundheitszustand des Hauses. Ist außer dem Dachstuhl das Haus gesund? Antwort: Kreuz-König/der Vampir, das heißt, wir haben äußerlich sichtbare Spuren, die das Haus auch nicht schöner werden lassen. Da es sich um Kreuz handelt, müssen wir der Sache näher auf den Grund gehen.

- Was sind das für Mängel? Karte: Kreuz-Zehn/das Erdbeben, das heißt, hierbei handelt es sich um eine grundlegende Unordnung, das Haus wurde zu wenig gepflegt. Ein Haus, um das sich zu wenig gekümmert wurde, beinhaltet Schönheitsmängel, die einiges kosten können, wenn man sie im Nachhinein beheben möchte und auch muss.

- Wir fragen weiter: Handelt es sich dabei um viele Mängel? Karte: Pik-Neun/die Geduld, das heißt, langfristig gesehen werden wir wohl das eine oder andere wahrnehmen. Da das

Haus älter ist, könnte man diese Aussage als normal betrachten.

- Die nächste Karte: Lohnt es sich dieses Haus zu einem Verkaufspreis von 370.000 Euro zu erwerben? Karte: Karo-Sieben/großer Erfolg, das heißt, das Preis-Leistungs-Verhältnis wird sich auf jedenfall positiver auswirken, als wir jetzt denken. Das würde bedeuten, dass dieses Haus später einen viel höheren Wert erreichen wird.

- Die nächste Karte: Würden wir als Familie uns dort wohl fühlen können? Karte: Herz-Sieben/das Spiegelbild, das heißt eine absolute Bestätigung, doch muss diese Familie das Haus lieben. Dieses Haus braucht liebevolle Energien/Pflege von den Personen, die darin wohnen.

- Nächste Karte: Sollen wir das Haus kaufen? Karte: Herz-Ass/das Heim, ein eindeutiges Ja. Das Haus ist das Haus der Familie, mehr Bestätigung gibt es nicht.

Die letzte Frage bezieht sich natürlich nicht darauf, dass wir uns von den Karten abhängig machen wollen, doch können wir zusätzlich die Deutungen der Karten für unsere Projekte zu Rate ziehen, um eventuelle Eckpunkte energetisch abzuklopfen.

Das Haus wurde erstmals neutral als Gegenstand befragt, dabei stellten sich die wahrhaftigen Mängel heraus. Danach wurde das Preis-/Leistungsprinzip analysiert und erst danach wurde nach der gemeinsamen Verbindung und auch der Zukunft gefragt. Natürlich wird der zukünftige Hauskäufer alle diese Punkte noch einmal gründlich unter die Lupe nehmen müssen. Wir brauchen Übung, bis wir dem Hilfsmittel Karten wirklich vertrauen können. Doch je mehr wir uns selbst glauben, desto eher werden wir eine positive Entscheidung treffen können, da wir erkennen, was unsere hinter dem Thema liegende Motivation beinhaltet. Es ist wichtig, wie du anhand des fiktiven Beispiels erkennst, dass wir immer, egal was wir auch abfragen wollen, erst einmal den Ist-Zustand abklopfen müssen. Nur vom Jetzt ausgehend, können wir das Morgen erkennen.

Doch nun gehen wir weiter und nehmen ein anderes Beispiel bezüglich Hauskauf. Die Grundvoraussetzungen sind gleich, doch das Haus ist anders.

- Wie ziehen zuerst wieder eine Karte auf die Person. Karte: Kreuz-Neun/die Transformation, das heißt der Verlust. Somit muss die Person jetzt schon Acht geben, denn sie befindet sich in einer Verlustsituation.

- Frage: Ob ein Hauskauf zum jetzigen Zeitpunkt bis 400.000 Euro richtig wäre? Karte: Herz-Neun/der gefallene Engel, das heißt, ja, aber nur wenn zu dem Haus ein wirklich tiefer Verbund besteht.

- Frage auf das Haus, dass die Person besichtigt hat. Eine Karte auf die Grundenergie des Hauses: Kreuz-Sieben/die Tränen, das heißt, Altlasten, Trauer und Tränen lasten auf dem Objekt. Die Menschen in dem Haus können zur Zeit nicht wirklich richtig glücklich werden, da zu viele belastende Energien auf dem Haus liegen. Diese müssten neutralisiert werden! Kleiner Tipp: Diese Aussage der belastenden Energien kann auch aufgrund der Bodenkonstellation, somit auch auf Erdstrahlen hinweisen.

- Frage: Passt das Haus zu uns, sollten wir es kaufen? Karte: Kreuz-Acht/die Krankheit, das heißt eindeutig „Nein“. Das Haus kränkelt und die Personen darin würden genauso kränkeln. So ein Leid muss man sich nicht erwerben.

Du siehst, wir haben hierbei noch nicht einmal den Gesundheitszustands des Hauses abgefragt. Diese Frage erübrigte sich. Die erste Karte des Fragenden war schon belastet genug. Das muss jedoch bei weitem nicht heißen, dass die Person belastet ist. Nein, hierbei geht es nur darum, dass die Person bezogen auf das Haus einen Verlust erleiden würde. Auch wenn ein Haus ausgehend von der Bausubstanz in Ordnung ist, so sprechen wir hier von einem Wohlfühlplatz der Regeneration, unserem Zuhause. Unser Heim sollte mit uns absolut kompatibel sein. Immerhin sollten uns die Grundenergien des Hauses stets guttun.

Egal mit welcher Ebene wir uns auch auseinandersetzen wollen, wir sollten immer darauf achten, wie kompatibel eine Sache oder Situation uns wahrhaftig entspricht. Sind es nur unsere Gedanken oder unsere Gefühle, die uns lenken wollen, wichtig ist, dass wir auf uns Acht geben und unsere anvisierten Ziele ab und zu kontrollieren.

Nehmen wir dazu ein anderes Beispiel: Eine Familie mit zwei Kindern wollen sich einen Hund zulegen. Die Mutter, sowie die Kinder möchten so gerne einen Hund haben. Der Vater ist sich dessen aber noch nicht sicher. Trotz einem inneren Widerstand macht man sich auf die Suche. Nach einiger Recherche wurde ein objektiv passendes Tier gefunden. Nun stellt sich die Frage, ob dieser Hund wirklich in diese Familie hineinpasst und wie die Familie Stand jetzt dauerhaft gesehen, mit der Zusatzbelastung umgehen wird.

- Die erste Frage wird beantwortet, indem eine Karte als Grundaussage auf die Familie gezogen wird. Karte: Herz-Acht/die Geselligkeit, das heißt, die Familie liebt eine locker leicht herzliche Art. Sie scheint wohl auch viel unterwegs zu sein. Auch regelmäßiger Besuch gehört zum Alltagsleben. Auf jeden Fall stehen sie mit vielen Menschen in Kontakt.

- Nächste Frage: Wie sieht es dauerhaft für die Familie aus, wenn sie sich einen Hund zulegen? Karte: Pik-Neun/die Geduld. Die Aussage der Karte gibt kein direktes „Ja" oder „Nein". Die Aussage bezieht sich nur auf eine lange Zeitphase und dauerhaft verbindliche Gültigkeit. Das bedeutet jedoch, dass die Familie, wenn sie sich einen Hund anschaffen würden, ihn verbindlich aufnehmen und lange Zeit bei sich leben lassen würde.

- Weitere Frage: Der Hund, den die Familie gesehen hat, wie ist er? Karte: Karo-Bube/das Füllhorn, das heißt, es handelt sich hierbei um ein glückliches und aufgeschlossenes Tier. Nach dieser Antwort stellt sich erst einmal keine weitere Frage, da dieses Tier charakterlich absolut in Ordnung ist.

- Doch wir stellen eine weitere Frage: Passt der Hund zu der Familie? Karte: Herz-Zehn/die Ringe, das heißt ja, wenn er richtig integriert wird. Also muss er sich wie verheiratet eingebunden fühlen, dann ist er für diese Familie absolut passend.

Den Ausgang brauchen wir jetzt nicht mehr zu schildern. Wir könnten jetzt noch die einzelnen Personen dazu abfragen, wobei diese Befragung auch keine andere Lösung hervorbringen wird. Ich würde der Familie raten, den Hund noch einmal zu besuchen und wenn dann das Gefühl genauso stimmt, wie beim ersten Mal, dann hat dieses Tier seine Familie und umgekehrt gefunden.

Nehmen wir ein weiteres Thema. Der Autokauf: Eine Person möchte sich ein Auto kaufen und hat auch schon eins in Aussicht. Nun wollen wir dazu die Karten befragen:

- Zuerst eine Karte auf die Person. Karte: Karo-Neun/das Geschenk, das heißt, diese Person soll das Leben als Geschenk betrachten, dann wird ihr auch alles, was sie anpackt gelingen.

- Dann eine Karte auf den Autokauf. Ist es für diese Person ratsam, sich zum jetzigen Zeitpunkt ein neues Auto zu kaufen? Karte: Pik-Zehn/der Umzug, das heißt der Wandel, die Veränderung, der Wechsel. Antwort: Ja, der Fragesteller würde endlich etwas manifestieren/materialisieren, was er sich schon lange sehnlichst gewünscht hat.

- Nun soll eine Karte auf das in Augenschein genommene Auto gezogen werden. Der Fragesteller sollte sich dabei nur auf das besagte Auto konzentrieren. Die gezogene Karte lautet: Kreuz-Sieben/die Tränen, das heißt das Auto ist energetisch belastet und müsste somit Altlasten abbauen. Das könnte in diesem Fall bedeuten, dass das Auto nicht genug gepflegt wurde und es deshalb versteckte Mängel hat.

- Passt das Auto zu dem Fragesteller? Die gezogene Karte lautet: Kreuz-Neun/die Transformation. Antwort: Nein, dies wäre ein Verlust. Also sollte man genauer hinschauen und von diesem Auto lieber die Finger weglassen und weitersuchen, das ist die Aufgabe.

Du siehst, egal was wir auch analytisch aus einer anderen Perspektive, beleuchten wollen, wir können es einfach tun. Wir bekommen immer eine Aussage, vorausgesetzt, wir nehmen die Thematik ernst, jedoch nicht zu ernst, denn dann würde es wiederum auch nicht passen können.

Die Fragestellungen

Egal um was es sich tatsächlich handelt, es ist fast unwichtig, was wir hinterfragen wollen, die Bandbreite ist enorm. Es kommt jedoch auf die richtige Fragestellung an, um einen klärenden Hinweis zu bekommen. Wenn wir uns also emotional betroffen fühlen und das wird natürlich häufiger der Fall sein, müssen wir mit unseren Deutungen etwas vorsichtig umgehen. Wir sind in dem Fall einer emotionalen Betroffenheit nicht mehr wertneutral und das kann zur Folge haben, dass wir uns eine Aussage zurecht dichten, als real und nüchtern die Aussagen der gezogenen Karten, neutral und wertungsfrei zu deuten. Das ist menschlich.

Viele können mit der auf sie zukommenden Wahrheit nicht immer einfach leicht und locker umgehen. Deshalb müssen wir lernen viel mehr auf uns selbst zu achten, um genau hinzuschauen und zu entdecken, was es Wichtiges für uns zu erfahren gibt. Wenn wir wissen, welche Thematik wir zum jetzigen Zeitpunkt zu bearbeiten haben, dann können wir mit der gelebten Situation ganz anders umgehen. Das gilt auch besonders für Erlebnisse, die zwar hinter uns liegen, durch die wir uns jedoch noch emotional unangenehm berührt fühlen. Hierbei handelt es sich zumeist um Begebenheiten, durch die wir etwas lernen mussten, was wir jedoch noch nicht verstanden haben. Die Karten können uns dabei helfen, vergangene Lebenssituationen verstehen zu lernen. Je mehr wir real über uns wissen wollen, desto eher haben wir die Chance wahrhaftige Antworten zu finden.

Nun beschäftigen wir uns einmal mehr mit dem Thema der richtigen Fragestellung. Nach dem Motto: Nur wenn ich die richtige Frage stelle, kann ich auch eine passende Antwort erhalten, ist dieser Bereich enorm wichtig.

Wir wollen ein Haus kaufen und können dazu folgende Fragen stellen:

- Wie wäre es für mich, wenn ich mir ein Haus kaufe?
- Ist jetzt der richtige Zeitpunkt dafür da?
- Kann ich mir einen Hauskauf überhaupt leisten?
- In welchem Geldrahmen darf sich der Kauf befinden?
- Verschiedene Beträge abfragen!
- Finde ich ein passendes Haus?
- Bin ich emotional für einen Hauskauf geöffnet?

Kleiner Tipp: Solltest du schon mehrere Karten gezogen, gedeutet und immer noch Fragen haben, dann lege die Karten wieder zurück in den Stapel, mische und fächere sie erneut aus. Das heißt jedoch nicht, dass du endlos die Karten immer wieder auf dasselbe Thema befragen solltest, dies ist lediglich ein Hinweis um Zusatzfragen stellen zu können. Je mehr Klarheit, desto besser. Weitere Fragen nach einem bestimmten Haus. Stelle dir in Gedanken das Haus wertungsneutral vor und frage:

- In welchem Zustand befindet sich das Haus in der Straße?
- Welche Grundenergie hat das Haus?

- Passt das Haus zu mir?
- Wie würde ich mich in dem Haus fühlen, wenn ich dort wohne?
- Lohnt es sich für mich das Haus zu kaufen?
- Wenn nein, warum?
- Finde ich noch ein besseres?
- Bin ich auf dem richtigen Weg?
- Gibt es für mich in dem Haus Straße noch etwas wichtiges?
- Was kann ich dort noch sehen?
- Werde ich dieses Jahr noch in mein Haus einziehen können?
- Wie wird sich mein Partner, in diesem Haus wohlfühlen?
- Wie werden die Kinder sich in diesem Haus fühlen?

Du kannst immer weitere Fragen stellen, solange bis du eine klare Deutung hast. Denk bitte immer daran, nicht die Karten sagen dir die Wahrheit, sie geben dir lediglich Tipps und offenbaren dir dein inneres „Ich". Du kannst dir jederzeit nüchtern über die Aussagen Gedanken machen. Es gibt immer einen Funken Wahrheit in jeder Aussage.

Bitte bringe dein Leben niemals in Abhängigkeit zu den Karten, das wäre ein fataler Fehler. Menschen, die sich zu sehr auf die Aussagen gezogener Karten verlassen, verlieren den Zugang zu ihrer eigenen Intuition und das darf nicht sein, deshalb ist es so besonders wichtig darauf zu achten, dass dies nicht passieren kann.

Doch nun zu einer anderen Fragereihe. Wir nehmen ein Business-Beispiel aus einer Firma. Zwei Kollegen streiten miteinander, die eine heißt Petra und die andere Brigitte. Um herauszubekommen, um was es letztlich in dem energetischen Streit geht, nutzen wir wieder die Karten. In unserem Fall lässt Petra sich durch die Karten beraten. Da es sich um eine Personenabfrage handelt, ziehen wir zuerst eine Karte auf die Fragestellerin, die sich einen Rat einholen möchte. Wir stellen folgende Fragen:Eine Karte für Petra: Auf welchem Weg befindet sie sich?

- Wie fühlt Petra sich an ihrem Arbeitsplatz?
- Macht sie Ihre Arbeit gerne?
- Was könnte für sie anders sein?
- Wie kommt sie im allgemeinen mit Ihren Kollegen zurecht?
- Wie sieht sie die Kollegin Brigitte?
- Was stört sie an Brigitte?
- Was möchte sie von Brigitte?

Nach den Antworten, bitte die Karten neu mischen!

- Was stört Brigitte an Petra?-Was möchte Brigitte von Petra?
- Was kann Petra tun, um diesen Streit zu beenden?
- Wird bald wieder Frieden einkehren? (Stand jetzt)

Somit können wir erkennen, was die Personen von einander erwarten. Darüber erfahren wir Klärungen, die uns weiterhelfen die Situation besser zu verstehen. Die Zukunft wird immer mit dem Thema „Stand jetzt“ abgefragt, da wir nur von dem jetzigen Ist-Zustand ausgehen können. Doch gerade das Kartenlegen sollte eine Hilfe zur Selbsthilfe darstellen, damit wir die vorherrschende Situation besser verstehen können, um uns anders zu positionieren und auch zu wandeln. Erst wenn wir das verstanden haben, können wir viel einfacher mit bestimmten Lebenssituationen umgehen.

Gehen wir davon aus, dass Petra mit all dem nicht zufrieden ist und nun ernsthaft überlegt die Arbeitsstelle zu wechseln. Dafür könnten wir die nachfolgenden Fragen stellen:

- Sollte Petra den Arbeitsplatz wechseln?
- Würde Sie sich danach besser fühlen?
- Wäre ein Wechsel für sie sinnvoll?
- Lohnt sich dieser Aufwand dauerhaft betrachtet?
- Wird sie eine neue Arbeitsstelle finden?
- Muss sie sich darum intensiv bemühen?
- Kommt eine neue Arbeitsstelle einfach auf sie zu?
- Was sollte sie aus der aktuellen Situation lernen?

Nun kommen wir zu einem anderen, absolut wichtigen Personenkreis, den Eltern. Wir haben zu unseren Eltern automatisch einen besonderen Verbund. Nicht nur, dass sie uns von klein auf kennen. Sie haben dafür gesorgt, dass wir überhaupt da sind.

Kleine Kinder kopieren grundsätzlich das, was sie vorgelebt bekommen. Wir übernehmen somit automatisch Verhaltensmuster, unreflektierte Übertragungen und leben das nach, was unsere Eltern oder Erzieher uns vorgelebt haben. Wenn wir dann selbst erwachsen sind, werden wir uns instinktiv gegen übernommene Verhaltensmuster auflehnen, die sich für uns als unpassend, nicht selbstbestimmt und unrund anfühlen. Begegnen wir unseren Eltern, fallen uns unsere übernommenen Verhaltensmuster zumeist direkt auf. Um die hinter der familiären Verbindung liegenden Übertragungen erkennen zu können, könnten wir uns folgende Fragen stellen:

- Was verbinde ich emotional mit meinen Eltern?
- Wie fühle ich mich, wenn ich ihnen begegne?
- Fühle ich mich zu meiner Mutter hingezogen?
- Was erwarte ich von meiner Mutter?
- Worauf warte ich noch?
- Was erwartet sie von mir?
- Wie ist die momentane Verbindung zwischen uns?

- Welches übernommene Muster ist in mir noch auffindbar?
- Welches Problem habe ich mit ihr?
- Welches Problem hat sie mit mir?
- Wie fühle ich mich zu meinem Vater hingezogen?

Man kann bei Bedarf dieselben oder ähnliche Fragen stellen wie bei der Mutter.

Nun zum Thema der Geschwisterliebe. Auch hierbei geht es wieder um kindliche Übertragungsmuster. Wir leben automatisch mit unseren Geschwister in einer Art Rollenverhalten. Diese Positionierungen lassen sich im Erwachsenenalter nicht mal eben schnell ablegen. Erkennen wir uns selbst und auch übernommene Muster, können wir uns gezielt befreien, um auf uns selbst zu fallen.

Oftmals tauchen unsere unbewusst gelebten Verhaltensstrukturen in Begegnungen mit den Geschwistern oder aber auch anderen Personen auf, sodass wir uns über den Kontakt emotional berührt fühlen. Auch hier könnten die folgenden Fragen Klärungshilfe geben:

- Was erwarte ich von meiner Schwester/meinem Bruder?
- Was erwartet diese Person von mir?
- Wie kann ich dieser Person wertneutral und offen begegnen?
- Wie kann ich das momentane Problem lösen?
- Was wünsche ich mir von meiner Schwester/meinem Bruder ?

Ein absolut wichtiger Mensch in unserem Leben ist der Partner. Der Partner ist der direkteste Spiegel, den wir uns vorstellen können. Je besser wir die energetischen Übertragungen seitens unseres Partners klärend wahrnehmen können, desto einfacher können wir uns von unliebsamen Mustern auch wieder lösen, um dann endlich das zu leben, nachdem wir uns alle sehnen, eine harmonisch erfüllte Partnerschaft, die uns Sättigung und Glück beschert. Auch hierzu ein paar Fragen:

- Wie sehe ich meinen Partner?
- Was gefällt mir besonders an ihm/ihr?
- Was mag ich nicht an ihm/ihr?
- Was würde ich gerne anders haben?
- Was nervt mich regelrecht, wenn er/sie sich so verhält?
- Was stört mich an mir selbst?
- Was würde ich gerne in Bezug auf Partnerschaft leben?
- Möchte ich verheiratet sein?
- Was denkt mein Partner/in über mich?
- Was stört ihn/sie an meiner Person?
- Was sind unsere gemeinsamen Problemthemen?
- Was können wir tun, um aus Konfliktsituationen herauszugehen?
- Was kann ich persönlich tun?
- Was kann er/sie tun?
- Was hat unsere Beziehung, Stand jetzt für eine Zukunft?
- Was könnten wir tun, damit es uns partnerschaftlich besser geht?
- Wie kann unser gemeinsames Leben besser laufen?
- Was muss ich aus der Beziehung lernen?
- Was muss er/sie aus der Beziehung lernen?

Nehmen wir eine gegenwärtige oder vergangene Streitsituation.

- Was war das Thema des Streits?
- Was wollte ich von ihm/ihr?
- Was wollte er/sie von mir?
- Was ist dabei mein persönliches Problem?
- Was ist sein/ihr persönliches Problem?

- Was können wir tun, um diese Streits zukünftig zu unterbinden?

Doch nun fragen wir weiter, wenn wir wissen möchten, wie es für uns persönlich aussehen würde, wenn wir die Beziehung zukunftsorientiert stabilisieren wollten. Dies würde bedeuten, dass wir uns verbindlicher einlassen, vielleicht sogar heiraten. Eine Hochzeit kann rein spirituell, energetisch und manifestiert auch äußerlich sein?

- Wie sieht das Thema Ehe für uns aus?
- Auf was müssten wir bei einem Ehewunsch achten?
- Was müssten wir tun, damit wir dauerhaft glücklich sein können?
- Wie sieht eine gemeinsame Wohnung für uns aus?
- Wie steht es um das Thema Kinder, passt dies zu uns?
- Was können wir tun, um miteinander glücklicher zu werden?

Du siehst bei den Fragestellungen sind kaum Grenzen gesetzt, also sei kreativ und frage, was du wissen möchtest. Bezüglich unseren Freunden könnten wir ähnlich Fragen stellen:

- Was habe ich mit ihr/ihm zutun?
- Wie ist unsere Freundschaft?
- Stand jetzt, wie wird unsere Freundschaft zukünftig weitergehen?
- Was für Probleme könnten sich bilden?
- Was wäre mein Problem?
- Was wäre ihr/sein Problem?

Nun habe ich eine Vielzahl von Fragemöglichkeiten aufgelistet. Bleibt kreativ und die Fragen kommen wir von selbst.

Legemethoden

Nun widmen wir uns anderen Legemethoden. Ich stelle dir nachfolgend das altbekannte keltische Kreuz vor, damit kannst du ohne große Überlegungen Antworten erhalten, die dich nachdenken lassen. Klare und transparente Informationen liefern dir realistische Hinweise.

Das keltische Kreuz

Wir mischen die Karten und legen sie mit dem Gesicht nach unten ausgefächert auf den Tisch. Nun ziehen wir, nach der in der Skizze dargestellten Reihenfolge die Karten und legen sie, immer noch mit dem Gesicht nach unten, vor uns auf den Tisch. Die Karten werden wie folgt gezogen:

- Karte 1 – das Problem
- Karte 2 – die genauere Erklärung/
- die Ursubstanz für das Problem/ alles was ich mit Füßen trete
- Karte 3 – die Vergangenheit

- Karte 4 – die Gegenwart
- Karte 5 – die Zukunft
- Karte 6 – die weiterführende Zukunft (Stand jetzt)
- Karte 7 – was wird sich dauerhaftaus der Situation entwickeln

Wenn du alle Karten gezogen hast, kannst du sie in der aufgeführten Reihenfolge aufdecken und analysieren. Wir nehmen ein fiktives Beispiel einer Ratsuchenden:

- Karte 1 – die Geliebte
- Karte 2 – die Tränen
- Karte 3 – die Spinne
- Karte 4 – die Ringe
- Karte 5 – die Transformation
- Karte 6 – das Heim
- Karte 7 – die Ernte

Wir definieren nun einmal die Karten und kommen zu folgender Lösung: Das Problem (1) „die Geliebte" ist die Person selbst, das heißt tief im Inneren lehnt sie sich selbst ab. Diese Ablehnung hat mit einer alten Trauer (2) „die Tränen" zu tun, die sie bisher noch nicht überwunden hat. (3) „Die Spinne" in der Vergangenheit wird ihr Übriges dazu beigetragen haben. Somit lehnt diese Person einen Teil in sich ab, der sich immer wieder negativ verbinden will. In der Gegenwart stehen nun (4) „die Ringe" und zeigen eine Art Hochzeit der Teilpersönlichkeiten an. Es sieht so aus, dass die Ratsuchende sich sehr um die Auflösung des Problems bemüht. Immerhin steht in der Zukunft (5) „die Transformation" und somit der direkte Hinweis der Wandlung. Die weitere Zukunftskarte bringt durch (6) „das Heim" die innere Ruhe und wird ihr voraussichtlich auch die lang ersehnte (7) „Ernte" bescheren.

Das keltische Kreuz – Legebeispiel

Du siehst diese Form der Deutungsmethode ist sehr einfach anzuwenden. Doch nehmen wir ein anderes Beispiel, es handelt sich diesmal um einen Mann als Beispielsperson:

- Karte 1 – der Spiegel
- Karte 2 – der Geldbaum
- Karte 3 – die Ernte
- Karte 4 – der Umzug
- Karte 5 – die Trauerweide
- Karte 6 – der langsame Weg
- Karte 7 – der große Erfolg

Diese Person hat ein großes Problem mit der eigenen Wertstellung und Eigenliebe, was die Karte (1) „der Spiegel" als Problem eindeutig zeigt. (2) „Der Geldbaum" zeigt, dass er den Blick für sich selbst verloren hat und eindeutig gegen sich selbst kämpft. (3) „Die Ernte" in der Vergangenheit weist daraufhin, dass er früher wohl erfolgreich, jedoch anhand der Problemkarte, mit sich selbst nicht glücklich war. Die Gegenwart (4) „der Umzug" erwartet nun von ihm, dass er sich von alten Strukturen löst, um zu neuen Ufern zu wandeln. (5) „Die Trauerweide" in der Zukunft liefert den Hinweis, dass sein Weg wohl nicht einfach sein wird. Er muss sich wohl von einigen unliebsamen Mustern lösen, um frei zu sein. Die Zeit drängt, der zu beschreitende Weg scheint überfällig zu sein. Die nahe Zukunft (6) „der langsame Weg" zeigt ihm zusätzlich, dass es noch lange dauern wird, bis er seine Themen überwunden hat, doch dann kommt (7) „der große Erfolg" und er wird für all den Energie- und Lerneinsatz gebührend belohnt.

Anhand der letzten Karte, bei der wir eine absolut positive Aussage erhalten, können wir jetzt schon davon ausgehen, dass der Ratsuchende sich wohl schnell um seinen innerlich geparkten Schmerz kümmern und aufräumen wird.

Noch ein Beispiel, diesmal wieder mit einer Frau als Ratsuchende. Folgende Karten werden gezogen:

- Karte 1 – das Heim
- Karte 2 – der Freund
- Karte 3 – die Unruhe
- Karte 4 – der Vampir
- Karte 5 – die Geliebte
- Karte 6 – der Geldbaum
- Karte 7 – der Vertrag

Das Problem dieser Person liegt in der Häuslichkeit, welches die Karte (1) „das Heim“ beschreibt. Sie macht sich einfach zu viele Gedanken um ihr Zuhause. Ein (2) „jugendlicher Mann“, eventuell ihr Sohn bereitet ihr Kummer und wird von ihr erwarten, dass sie sich weiterhin verantwortungsvoll um ihn sorgt. (3) „Die Unruhe“ aus der Vergangenheit werden ihr schon des öfteren gezeigt haben, dass dieses Verhalten wohl so sein muss und so spürt sie schon im Ansatz kommend, dass eine Forderung an sie gestellt wird. (4) „Der Vampir“ in der Gegenwart zeigt ihr nur allzu deutlich, dass sie energetisch ausgesaugt wird und wohl auch meint, so leben zu müssen. Doch die Zukunft verweist sie mit (5) „der Geliebten“ auf einen Selbstfindungsprozess hin. Somit muss sie sich endlich nach Ihren eigenen Bedürfnissen richten und nicht mehr nach der Pfeife anderer tanzen. (6) „Der Geldbaum“ verspricht ihr für die Zukunft Sicherheit und Stabilität. Doch inwieweit sie auf ihrem Pfad bleibt, das steht zum Legezeitpunkt noch in den Sternen. Immerhin müsste sie einen innerlich verbindlichen (7) „Vertrag“ schließen, damit sie zukünftig ihrem eingeschlagenen Weg auch treu bleiben wird.

Du siehst selbst wie einfach und doch auch aussagekräftig diese Legemethode ist. Probiere sie aus und du wirst begeistert sein. Nun noch zu einer ähnlichen, doch noch einfacheren Legemethode.

Das einfache Kreuz

Wir können immer mit fünf Karten arbeiten und einfache Analysen fahren. Das heißt, wir nehmen die Problemkarte legen vier weitere dazu. Wir legen die Problemkarte und offen auf den Tisch und ziehen die weiteren Karten in der folgenden Reihenfolge:

Karte 1 – betrifft all das, was ich mit Füßen trete, somit nicht wahrhaben will. Dieser Aspekt ist besonders wichtig, wenn wir etwas nicht sehen wollen, dann vermeiden wir jeglichen Blick und lehnen uns und somit das Lernthema komplett ab.

Karte 2 – die Vergangenheit: Auch sie ist besonders wichtig, immerhin handelt es sich hierbei um die Wurzeln allen Übels. Erst wenn wir erkennen, was uns zu diesem Problem geführt hat, können wir es leicht und locker wieder auflösen.

Karte 3 – die Gegenwart: Wir erkennen anhand dieser Karte, was wir aktuell tun könnten, um an das Problem heranzukommen. Solange wir unsere eigenen Probleme nicht sehen wollen, manifestieren sich diese auf der äußeren Ebene, um bei uns innerlich Gehör zu finden. Anhand dieser Karte können wir direkt feststellen, welche Handlungsmöglichkeiten wir haben.

Karte 4 – die Zukunft. Anhand dieser Karte können wir die Tendenz erkennen und sehen, was sich zukünftig aus unseren jetzigen Handlungen entwickeln wird. Je klarer wir die kommenden Aspekte vor unseren Augen halten, desto eher können wir uns überlegen, ob wir nicht doch lieber etwas verändern möchten.

Das einfache Kreuz – Legebeispiel

Wir nehmen ein paar Beispiele und legen für „die Geliebte", also die Hauptperson:

Die Karte der Geliebten holen wir aus dem Stapel heraus und legen sie offen auf den Tisch. Die restlichen Karten ziehen wir in der entsprechenden Reihenfolge und legen sie mit der Bildseite nach unten an die entsprechenden Plätze vor uns auf den Tisch. Erst nach und nach werden wir die Karten umdrehen und sichten. Wir schauen uns die gezogenen Bilder an und analysieren. Hier ein paar Beispiele:

- Karte 1 – das Heim
- Karte 2 - die Ringe
- Karte 3 – die Unruhe
- Karte 4 – das Füllhorn

Die ratsuchende Person meidet die innerlich gesteuerte (1) Häuslichkeit und Harmonie. Ihre inneren Teilenergien können nicht in Frieden miteinander leben, was die Gegenwart mit (3) „der Unruhe“ noch einmal deutlichst aufzeigt. Nun kommen die Themen der Vergangenheit (2) „die Ringe“ und somit emotionale Abhängigkeiten auf den Tisch. Teile wollen sich lösen und andere halten am Althergebrachten fest. Aufräumen und Trennen ist angesagt und je mehr diese Person sich befreiend löst, desto eher werden die kosmischen Energien fließen können. Die Aufgabe hierbei ist es sich von Altlasten zu lösen und sich im (4) energetisch kosmischen Fluss zu bewegen.

Wir nehmen ein anderes Beispiel und setzen in die Karte „das Heim“ in die Mitte. Bei dieser Kartenlegung handelt es sich um den häuslichen Bereich, also die intime Nähe der Ratsuchenden. „Das Haus“ wird aus dem Stapel mit dem Bild nach oben auf den Tisch gelegt. Nun folgen verdeckt die weiteren Karten:

- Karte 1 – der große Erfolg
- Karte 2 – die Strenge
- Karte 3 – die Meditation

- Karte 4 – die Kommunikation

Dem Heim/Haus wird nicht der (1) Erfolg, der ihm zustehen würde, gewährt. Somit leidet das Haus, immerhin fehlt ihm etwas. (2) „Die Strenge“ der Vergangenheit haben die Leichtigkeit genommen. Momentan ist zur Ruhefindung eine Art (3) „Meditation“ angesagt, damit zukünftig die verinnerlichte (4) „Kommunikation“ endlich auch nach außen auf den Tisch gebracht werden kann. Immerhin ist es wesentlich besser, das zu sagen, was man denkt, als sämtliche Probleme zu schlucken und sich nicht zu trauen, das zu sagen, was man gerne sagen möchte.

Wir könnten nun noch endlos Fragen stellen und uns stundenlangen Analysen hingeben. Du kannst das tun, wenn du es tun möchtest. Doch ich ziehe mich nun zurück und wünsche dir viel Spaß bei deinem neuen Hobby oder vielleicht späteren Beruf. Wer weiß? Es ist noch kein Meister vom Himmel gefallen. Ich möchte mich abschließend noch ganz herzlich bei dir für dein Interesse bedanken und hoffe, dass dir dieses Buch gefallen hat. Ich wünsche dir alles Liebe.

Sabine Guhr-Biermann

Die Opalia Lichtkarten passend zum Buch

ISBN: 3-934982-04-2 Preis: 8,00 Euro